现代城市 交通治理丛书

DESIGN AND APPLICATION
OF URBAN INTELLIGENT
PARKING PLATFORM

城市智慧停车管理平台设计与应用

赵　屾　韩　艳　陈徐梅　刘　洋　编著

人民交通出版社股份有限公司
北　京

内 容 提 要

本书采取宏观和微观相结合的方式，在阐述目前我国停车管理政策、停车设施建设、行业治理经验的基础上，分析智慧停车管理平台的重要性以及政策发展环境。通过建立智慧停车管理平台（智能系统）有效落实城市停车管理工作，并重点构建区域停车评价指标体系，对区域停车场综合服务能力进行评价，进一步完善管理政策、改善基础设施条件以及进一步推广新技术应用等，从而提升区域范围内停车管理效能，提高城市停车管理水平。

本书可为政府相关部门制定城市智慧停车产业政策、加强行业管理、促进行业发展等提供参考和帮助。

图书在版编目（CIP）数据

城市智慧停车管理平台设计与应用/赵屾等编著.—北京：人民交通出版社股份有限公司，2023.3

（现代城市交通治理丛书）

ISBN 978-7-114-18315-7

Ⅰ.①城… Ⅱ.①赵… Ⅲ.①现代化城市—停车场—管理—研究 Ⅳ.①U491.7

中国版本图书馆 CIP 数据核字（2022）第 201420 号

现代城市交通治理丛书
Chengshi Zhihui Tingche Guanli Pingtai Sheji yu Yingyong

书　　名：城市智慧停车管理平台设计与应用
著 作 者：赵　屾　韩　艳　陈徐梅　刘　洋
责任编辑：李　佳
责任校对：赵媛媛　龙　雪
责任印制：张　凯
出版发行：人民交通出版社股份有限公司
地　　址：（100011）北京市朝阳区安定门外外馆斜街 3 号
网　　址：http://www.ccpcl.com.cn
销售电话：（010）59757973
总 经 销：人民交通出版社股份有限公司发行部
经　　销：各地新华书店
印　　刷：北京虎彩文化传播有限公司
开　　本：720×960　1/16
印　　张：13.25
字　　数：202 千
版　　次：2023 年 3 月　第 1 版
印　　次：2023 年 3 月　第 1 次印刷
书　　号：ISBN 978-7-114-18315-7
定　　价：80.00 元
（有印刷、装订质量问题的图书，由本公司负责调换）

编写组

组　长：赵　岫　韩　艳

副组长：陈徐梅　刘　洋

成　员：高　畅　段晓宁　彭玉青　安　晶

路　熙　宋伟男　周　康　杜云柯

李振宇　刘晓菲　彭　睿

顾　问：关宏志　孙小年　王　辉　杨新征

戴　帅　胡伟涛　刘好德　李瑞敏

前言

PREFACE

随着汽车保有量的不断增加和机动化出行需求的不断增长，城市停车问题日益凸显。近几年，小汽车数量的增长速度远远超过了城市停车设施供给的增长速度，如北京市近5年小汽车保有量增速是39.17%，造成停车位的缺口不断增大，供需矛盾突出，“停车难、停车乱”等问题日益加剧，停车问题受到市民和政府部门的高度关注，也加剧了“交通拥堵”等问题。要想有效地治理交通拥堵与停车难这两个问题，不能将两者割裂开来，只有将两个问题统一、协调起来，才能从根本上解决交通拥堵与停车难问题。

为解决停车难问题，近年来国家进一步对停车管理工作进行了细化，出台了一系列政策措施，主要从推进停车设施规划建设、加快停车设施提质增效、强化资金用地等政策保障、营造良好市场环境、完善停车管理法治保障等方面提出了相关任务和要求。智慧停车管理平台是各地落实国家各项政策要求的有效手段，它将卫星定位、地理信息系统(GIS)、物联网、互联网、无线通信、电子支付、大数据、云计算等技术综合应用于城市停车的规划、建设、运营、管理，以及查询、预约与导航服务，实现城市治理的智能化、信息化和决策的科学化，实现城市停车位资源利用率的最大化、停车位经营利润的最大化和停车服务的最优化。

本书采取宏观和微观结合的方式，在阐述目前我国停车管理政策、停车设施建设、行业治理经验的基础上，分析智慧停车管理平台的重要性以及政策发展环境。通过建立智慧停车管理平台(智能系统)有效落实城市停车管理工作，并重点构建区域停车评价指标体系，对区域停车场综合服务能力进行评价，进一步完善管理政策、改善基础设施条件以及进一步推广新技术应用等，从而提升区域范围内停车管理效能,提高城市停车管理水平。

本书共六章。第一章分析了我国城市停车管理发展背景、发展现状及存在问题,明确了智慧停车管理的概念和意义;第二章介绍了我国城市智慧停车的发展历程,分析了我国城市智慧停车管理的政策环境和下一步的发展趋势;第三章选取国内外典型城市,围绕综合性智慧停车平台建设、面向用户的智慧停车平台建设以及面向不同区域的停车收费技术和电子收费系统三个类型进行案例分析;第四章基于 MaaS 设计了智慧停车管理平台,分析了智慧停车管理平台建设需求、性能要求、框架设计以及服务研判分析;第五章在城市智慧停车管理平台的基础上,重点构建了区域停车场评价体系,明确了区域停车场评价内涵、评价理论方法、评价指标体系以及模糊综合评价体系;第六章通过某区域停车场,对面向停车资源管理和综合服务的区域停车场评价体系进行了实证分析,得出了评价结果。

本书在编写过程中参考了不少相关领域的著作和文献,借鉴了许多国内外专家学者的研究成果。在此向各位专家和相关作者致以谢忱。

由于笔者学识水平有限,且编写时间仓促,书中难免存在错误和不足之处,敬请读者批评指正,笔者将不胜感激。

笔　者

2022 年 12 月

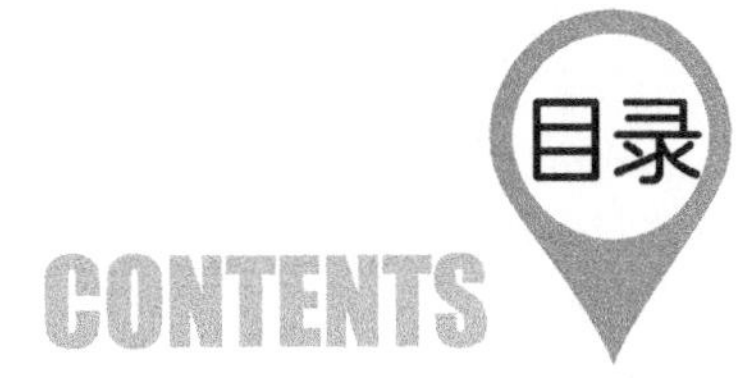
目录
CONTENTS

第一章

CHAPTER 1

概述

第一节　城市停车管理发展背景

交通拥堵是各国现代化、城镇化和机动化过程中难以避免的挑战。纽约、伦敦、巴黎、东京和首尔等城市先后于20世纪40年代、60年代、70年代和90年代经历了严重的交通拥堵。各城市通过研究探索符合城市发展特点的措施和手段,如大力建设公共交通系统、推进智能交通管理、加强交通需求管理等使拥堵有所缓解。国外城市的实践表明,城市交通拥堵治理是一个系统性难题,必须采取成套的技术和政策来支撑科学决策,并根据交通状况进行动态调整。缓解交通拥堵是保障和促进经济社会发展、改善民生的必然要求,也是政府必须履行的重要职责。

一　机动车保有量持续增长

2000年,《中共中央关于制定国民经济和社会发展第十个五年计划的建议》首次明确写入"鼓励轿车进入家庭",使得家庭汽车普及率不断提高,带动了我国汽车工业的快速发展和居民生活质量的提升。目前,随着我国城镇化率的不断提高(2021年城镇化率为64.72%),人们的生活水平明显提升,区域间的交流合作不断增多,出行需求呈现多样化、个性化和多层次等特点。近年来,我国机动车保有量仍持续增长,截至2021年底,我国机动车保有量达3.95亿辆,比2020年增加2350万辆,增长6.32%。截至2022年3月,我国机动车保有量已突破4亿辆,表明我国已经快速进入机动化时代。截至2021年底,全国79个城市汽车保有量超过100万辆,同比增加9个城市;35个城市超200万辆;20个城市超300万辆。其中,北京、成都、重庆超过500万辆,苏州、上海、郑州、西安机动车保有量处于400万~500万辆,武汉、深圳、东莞、天津、杭州、青岛、广州、宁波、佛山、石家庄、临沂、济南、长沙13个城市机动车保有量处于300万~400万辆。我国近年来机动车保有量增长情况如图1-1所示。

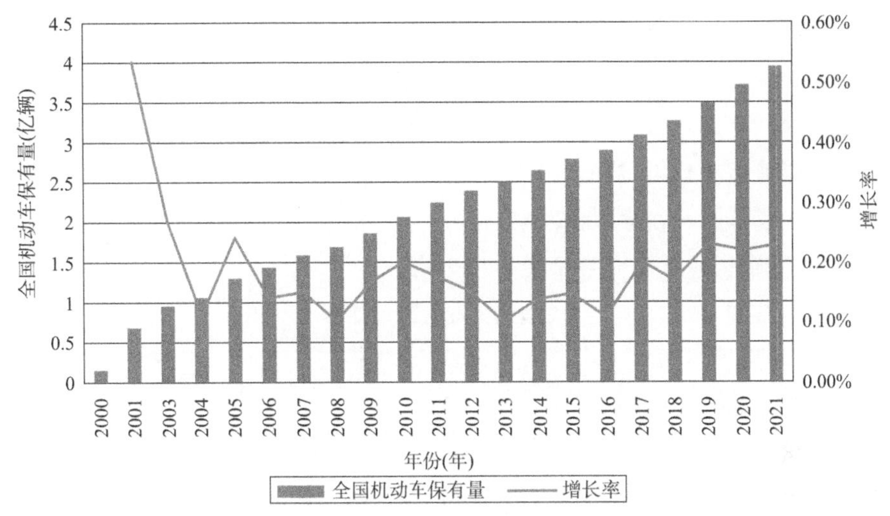

图 1-1　全国机动车保有量增长情况图

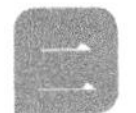

二　城市停车管理政策和环境不断完善

(一)实施精细化停车管理政策

20 世纪 80 年代,国家逐渐认识到停车场管理的重要性,公安部和建设部(现住房和城乡建设部)在 1988 年颁布了《停车场建设和管理暂行规定》,对停车场建设和管理提出了具体方案,为各地制定地方规定奠定了基础。到了 2000 年以后,随着我国机动车保有量的飞速增长,停车需求不断增多,国家进一步对停车管理工作进行细化,出台了一系列政策。但随着各城市机动车保有量的快速增长,到 2010 年,“停车难”问题逐渐凸显,当时已有停车设施的使用或一味地增加停车设施无法有效解决面临的停车难问题,于是国家层面进一步完善相关政策,提出要进行差别化管理、完善政策保障等。例如:2021 年 5 月 7 日,《国务院办公厅转发国家发展改革委等部门关于推动城市停车设施发展意见的通知》(国办函〔2021〕46 号)正式印发,这是目前发布层级最高的中国停车产业政策文件。文件从推进停车设施规划建设、加快停车设施提质增效、强化资金用地等政策保障、营造良好市场环境、完善停车管理法治保障等方面提出了相关任务。为贯彻落实《国务院办公厅转发国家发展改革委等部门关于推动城市停车设施发展意见的通知》(国办函〔2021〕46 号),2021 年 8 月 30 日,国家发展和改革委员会办公厅、住房和城乡建设部办公厅、公安部办公厅、自然资源部办公厅联合发布《关于近期推动城市停车设施发展重点工作的通知》(发改办基础〔2021〕676 号),提出评估完善标准规划、研究建立指标体系、加快停车设施建设、制定用地支持政策、规范不动产权确权、加大金融支持力度、加强充电设施保障、依法规范停车秩序、加快制定实施办法、加大宣传引导力度共 10 项工作。我国城市停车相关政策文件见表 1-1。

我国停车相关政策文件 表 1-1

序号	政策名称
1	《停车场建设和管理暂行规定》(1988)
2	《机动车停放服务收费管理办法》(2000)
3	《中华人民共和国道路交通安全法》及其实施条例(2021)
4	《关于城市停车设施规划建设及管理的指导意见》(建城〔2010〕74 号)
5	《国务院关于积极推进“互联网 +”行动的指导意见》(国发〔2015〕40 号)
6	《城市停车设施规划导则》(建城〔2015〕129 号)
7	《城市停车设施建设指南》(建城〔2015〕142 号)
8	《关于加强城市停车设施建设的指导意见》(发改基础〔2015〕1788 号)
9	《关于进一步完善机动车停放服务收费政策的指导意见》(发改价格〔2015〕2975 号)
10	《住房城乡建设部关于加强城市停车设施管理的通知》(建城〔2015〕141 号)
11	《城市停车场建设专项债券发行指引》(发改办财金〔2015〕818 号)
12	《中共中央 国务院关于进一步加强城市规划建设管理工作的若干意见》(中发〔2016〕6 号)
13	《加快城市停车场建设近期工作要点与任务分工》(发改基础〔2016〕159 号)
14	《住房城乡建设部 国土资源部关于进一步完善城市停车场规划建设及用地政策的通知》(建城〔2016〕193 号)
15	《关于开展城市停车场试点示范工作的通知》(发改办基础〔2017〕475 号)
16	《住房城乡建设部办公厅关于开展城市停车设施规划建设督查工作的通知》(建办城函〔2017〕495 号)
17	《城市道路交通文明畅通提升行动计划(2017—2020)》(公通字〔2017〕16 号)
18	《提升新能源汽车充电保障能力行动计划》(发改能源〔2018〕1698 号)
19	《公安部、住建部关于加强和改进城市停车管理工作的指导意见》(公交管〔2019〕345 号)
20	《国务院办公厅转发国家发展改革委等部门关于推动城市停车设施发展意见的通知》(国办函〔2021〕46 号)
21	《关于近期推动城市停车设施发展重点工作的通知》(发改办基础〔2021〕676 号)

(二)逐步完善停车相关标准规范

1. 国家标准

1986 年,出台的国家标准《道路交通标志和标线》(GB 5768—1986)中,对停车位施划、停车场标志指引等作了规定。2009—2018 年,《道路交通标志和标线》出台了系列标准,包括“第 1 部分:总则”“第 2 部分:道路交通标志”“第 3 部分:道路交通标线”“第 4 部分:作业区”“第 5 部分:限制速度”“第 6 部分:铁路道口”“第 7 部分:非机动车和行人”“第 8 部分:学校区域”。其中“第 1 部分:总则”涉及停车场标识。“第 2 部分:道路交通标志”涉及停车让行标志及设置条件、停车检查标志、停车位标志。“第 3 部分:道路交通标线”涉及停车位标线。“第 8 部分:学校区域”涉及停车管理。该系列标准第 2 部分在 2022 年进行了修正。

1993 年,国家标准《城市居住区规划设计规范》(GB 50180—1993)出台,其中第 6 章对配建公共停车场的停车位控制指标作了规定,第 8 章对居民停车率、地面停车率和服务半径作了相应的规定[1]。

1995 年,国家标准《城市道路交通规划设计规范》(GB 50220—1995)出台,其中第 8 章第 1 节中,对城市公共停车场的用地面积、供给比例、服务半径和出入口等作了相应的规定(此标准于 2019 年废止)。

2011 年,国家标准《城市道路交通设施设计规范》(GB 50688—2011)出台,其中第 10 章第 5 节中,对机动车停车场的设置、路侧停车位的设置及出租汽车停靠站的设置作了相应的规定。

2016 年,国家标准《城市停车规划规范》(GB/T 51149—2016)发布,对停车需求预测与停车位供给、停车场规划、建筑物配建停车位等作了相应的规定。

另从 2011 年起,发布了机械式停车设备、信息类等停车有关标准。机械式停车设备相关标准主要包括术语、分类、通用安全要求、使用与操作安全要求、检查与维护的基本要求,以及水平循环类机械式停车设备的型式、基本参数、技

---

[1] 此标准于 2002 年作了相关修订,2018 年被《城市居住区规划设计标准》(GB 50180—2018)替代。

术要求、试验方法、检验规则；信息类的停车相关标准主要包括停车诱导信息集的结构和主要数据项构成、机动车停车场公共信息导向系统的构成、停车信息联网的技术要求、机动车停车场公共信息导向系统的构成和停车场电子收费系统的技术要求。

2. 行业标准

1987 年，建设部（现住房和城乡建设部）批准了行业标准《城市公共交通站、场、厂设计规范》（CJJ 15—87），对城市公交场站及出租车场站设计设置等作了相关规定，2011 年修订并更名为《城市道路公共交通站、场、厂工程设计规范》（CJJ/T 15—2011）。

1988 年，公安部和建设部（现住房和城乡建设部）颁布了《停车场规划设计规则》，用于大中城市和重点旅游区的停车场规划设计，对不同类型停车场的停车位供给指标、设计尺寸、设计参数等作了相关规定。

1990 年，建设部（现住房和城乡建设部）批准了行业标准《城市道路设计规划》（CJJ 37—90）[1]，其中第 11 章第 2 节中，对机动车公共停车场的布局位置及出入口设置作了相应的规定。

2001 年，建设部（现住房和城乡建设部）、民政部、中国残联联合批准了行业标准《城市道路和建筑物无障碍设计规范》（JGJ 50—2001），其中第 7 章第 11 节中，对停车位的无障碍设计及残疾人专用停车位均作了相应的规定。

2009 年，公安部批准了行业标准《城市道路路内停车位设置规范》（GA/T 850—2009），后于 2021 年更新为《城市道路路内停车位设置规范》（GA/T 850—2021），对城市道路路内停车位的设置施划方法和不应设置停车位的路段和区域均作了相应的规定。

总体上看，国家层面关于停车的相关法律法规和技术标准规范出台较晚，虽然现在已形成初步架构，从规划、建设、运营等方面都有所涉及，但总体内容还不够翔实，架构体系还不够科学，综合指导性还不够强，尤其是停车系统始终作为城市综合交通体系的一个部分，其相关规范分散于各类城市道路工程设计、居住区规划设计、道路交通规划设计等国家标准中，作为统一整合的专项国家标准一直未能独立出台。同时，在法律法规体系中，对于不按法律规定规划

---

[1] 已废止，现行版为《城市道路工程设计规范》（CJJ 37—2012）。

建设停车场、停车位和违法停车等现象缺乏针对性的处罚措施，执法部门也不明晰，给实际监督管理工作带来难度。同时，城市停车问题并没有得到高层领导的全面关注与认识，而关于城市公共交通、道路交通安全等专项指导意见都是以国务院名义下发。此外，作为第一份关于停车场建设和管理的部门规章——《停车场建设和管理暂行规定》，在出台了30多年后未经修订仍在使用，也已严重滞后于时代和社会发展。

3. 团体标准

2021年6月10日，由中国交通运输协会静态交通产业分会组织并联合起草编制的《停车位编码规范》团体标准在全国团体标准信息平台、中国交通运输协会官网进行了发布，并于2021年6月15日起正式实施。

《停车位编码规范》团体标准是为准确把控停车场和停车位的数据，为智能停车提供停车位准确三维坐标位置信息而制定的关于停车位编码的规范。

停车位编码体系是城市停车管理的基础性工作，包括停车场（库）编码、停车位编码等，编码的一致性、完整性、易用性，将直接影响城市停车管理、智慧停车平台以及停车场系统的建设，影响停车信息交互与数据共享能力。

三 城市停车发展影响城市交通运行效率

随着汽车保有量的不断增加和机动化出行需求的不断增长，城市停车问题日益凸显。近年来，小汽车数量的增长速度远远超过了城市停车设施供给的增长，如北京市近5年小汽车保有量增长率是2.82%，造成停车位的缺口不断增大，供需矛盾突出，“停车难、停车乱”等问题日益凸显，受到市民和政府部门的高度关注。停车问题的外溢也助推了“交通拥堵”等城市病的加剧。城市停车属于城市交通的一部分，相对于公众出行和客货运输等动态交通，城市停车可归类为静态交通，静态交通和动态交通是相互作用、相互影响、相辅相成的，解决好城市停车问题，动态交通运行会更加顺畅，城市交通运行效率就会提升。

近年来，我国经济快速增长，城市建设速度不断加快，城区面积逐年增加。由于中国城市化进程的加快，使得城市人口激增，但是城市建设面积的增长没有跟上城市化的速度,机动车特别是私人汽车保有量急剧增加,远远高于城市道路建设速度。由于过去老旧城区的建设没有考虑到停车位的建设,造成老旧城区停车位严重不足,导致现在交通拥堵与停车难状况的出现。要想有效地治理交通拥堵与停车难这两个问题,不能将两者割裂开来,只有将两个问题统一、协调地治理,才能将交通拥堵与停车难问题从根本上解决。

第二节 城市停车管理发展现状及存在的问题

人们在形容今天城市交通拥堵时常用的一句话是:行车难、停车难、走路难。这句话反映了人们对交通拥堵的感性认识。“行车难”“走路难”很大程度上源于汽车保有量剧增和停车活动不规范。从需求侧看,当前各城市普遍面临交通需求管理措施单一,对行政手段依赖度高,对经济、科技等措施手段的应用研究储备不够。此外,之前我国城市交通管理政策主要集中在机动化出行方式管理方面,对停车问题的关注度不够。当前,停车难问题凸显,现有停车设施无法满足日益增加的停车需求,住宅区私人停车位和公共停车位严重不足,大量的机动车占道停车,蚕食行人、自行车通行空间,客观上还抵消了部分公共交通发展的积极成效。北京、深圳等超大城市陆续出台地方性法规,规范停车问题,并积极探索采用差异化收费、智慧共享停车等手段改善停车难题,越来越多的中小城市也受困于停车难题,亟须从城市综合交通治理的角度对城市停车进行管理和治理。

一 各城市停车管理部门不尽相同

停车管理工作由公安部门牵头的城市有 12 个,包括哈尔滨、福州、南昌、武汉等;由住房和城乡建设部门牵头的城市有 11 个,包括石家庄、呼和浩特、长春、重庆等;由交通运输部门牵头的城市有 7 个,包括北京、上海、深圳等;未明确牵头部门的城市有 6 个,包括沈阳、长沙、贵阳等。以上牵头部门在城市人民政府领导下负责城市停车统筹管理,自然资源、住房和城乡建设、公安、发展和改革、市场监管等部门按职责分工负责。36 个中心城市静态交通主管部门情况见表 1-2。

36个中心城市静态交通主管部门情况 表1-2

序号	主管部门	城市名称
1	交通运输	厦门、深圳、西宁、昆明、成都、上海、北京
2	公安	青岛、大连、银川、兰州、西安、海口、南宁、武汉、济南、南昌、福州、哈尔滨
3	住房和城乡建设	乌鲁木齐、拉萨、重庆、广州、郑州、合肥、长春、呼和浩特、石家庄、天津、杭州
4	未明确部门	沈阳、长沙、贵阳、宁波、南京、太原

二 停车设施供给不足或利用率不高

(1)停车设施建设滞后于汽车工业发展。在我国,长期以来比较重视动态交通,对静态交通没有给予足够的重视,这种状况长时间积累,造成静态交通设施严重落后于动态交通设施,据有关部门统计,全国停车位缺口普遍在60%以上。从"九五"时期开始,为扩大内需,国家实施了积极的汽车政策,鼓励私人购买汽车,大力发展汽车工业。但在此过程中,与之相配套的停车场等设施的规划与建设却相对滞后,在城市建设中,有的投资者对停车场等设施建设不重视,为了追求高额的商业利益,擅自将规划的停车场、库改作他用的情况时有发生,造成停车位严重不足,使得车辆只好停放于主干道两侧或人行道内,不但降低了道路通行能力,而且还加剧了市区道路的紧张程度。

(2)城市公共停车区域规划不到位。在我国,过去机动车驾驶只是一个职业技能,并没有成为人们的一项基本技能。购置车辆的主体是单位,车辆停放一般由单位自行解决,城市规划中几乎没有公共停车区域,在住宅小区的规划和建设中,也往往很少考虑到停车场的建设容量,造成停车位缺口越来越大。近几年,虽采取了一些解决停车难问题的措施,但停车位建设的数量远远低于汽车的增量。按照国外的经验和数据,公共停车位应该占到机动车总数的20%左右,自用停车位应达到一车一位;公共停车位按路内停车位与路外停车位划分,其比例一般应分别占到公共停车位的30%和70%。

(3)停车设施建设亟须政策的扶持和引导。静态交通设施不仅具有公益性和商品性双重属性,它还具有空间资源的有限性、不可存储性和不可运输性等特征。静态交通设施的主要构成是停车位,包括停车场、楼、库、咪表,以及电子诱导系统及行车指示牌、电子收费系统等附加设施。要建设规模如此庞大的静态交通系统,必须由政府制订统一规划来加以实施。受城市有限土地资源的限制,要加快停车设施建设,必须运用新兴的立体停车技术。但作为朝阳产业,立体停车设施建设投资巨大、回收期长,短期内还无法具有广阔的市场,因此,在市场开发上还有一定难度,亟须制定鼓励性的政策来扶持其发展,吸引投资,加快市场开发的步伐,促进停车设施建设的产业化发展。

(4)现有停车资源利用率不高。例如,在西安市的主要干道上几乎到处可见路内停放的车辆。特别是白天,人们为了办事方便或节省时间,宁愿把车停放在路边距离最近的地方,也不愿意把车停放到距离较远的地下停车场,造成停车资源供不应求的"假象",致使全市室内停车资源有一部分闲置,现有停车资源的利用率并不高。

三 停车价格杠杆作用未能充分体现

2015 年 12 月,国家发展和改革委联合住房和城乡建设部、交通运输部出台的《关于进一步完善机动车停放服务收费政策的指导意见》(发改价格〔2015〕2975 号)中提到,加快推行差别化收费。对不同区域的停车设施服务收费,要根据停车供需状况差异,并考虑道路路网分布、公共交通发展水平、交通拥堵状况等因素,划分不同区域,实行级差收费。同一区域停车设施,区分停车设施所在位置、停车时段、车辆类型等,按照"路内高于路外、拥堵时段高于空闲时段"的原则,制定差别化服务收费标准。因此,近几年许多城市开始探索出台差别化停车收费政策,大部分城市基本都是按照国家要求的原则制定的停车收费政策,有个别城市按照更详细的原则制定了差别化停车收费政策,如 2018 年 6 月,南京市物价局牵头出台的《南京市机动车停放服务收费管理办法》中规定,公共停车设施和道路临时停车位收费实行城市中心区域高于非中心区域、道路高于非道路、干道高于支路、住宅区外高于住宅区内、白天高于夜间、长时间高于短时间、大型车高于小型车、违停成本高于规范停车成本的差别化价格政策。目前的差别化停车收费制定原则一定程度上影响了人们的出行方式选择,引导了一部分人群选择了公共交通出行。然而,在某一个停车区域内,未能通过价格杠杆来提高路内停车周转率,仍导致了停车难、停车乱等现象出现。

四 路内停车秩序有待进一步规范

近年来，我国机动车和机动车驾驶人保有量持续快速增加，但各地停车设施新增速度相对缓慢，特别是城市中心城区停车资源十分紧缺，远远不能满足日益增长的停车需求，导致不按规定停车现象普遍存在。公安交通管理部门的管理压力与日俱增，如何规范路内停车秩序已成为公安交通管理部门面临的难题之一。据统计，2011 年以来全国机动车和机动车驾驶人保有量均呈现持续增长态势，年均增长率分别超过 5%、8%。2011 年以来全国公安交通管理部门在城市道路上查处的不按规定停车违法行为（以下简称"违法停车"）数量持续增长，年均增长率超过 30%。机动车占用机动车道、非机动车道或人行道违法停车破坏了其他道路使用者的合法通行环境，占用了动态交通资源，降低了道路原有的通行效率，影响了正常的车流走向，降低了路口的通行能力。同时，还容易引发行人和非机动车交通事故，导致路面交通秩序混乱，影响道路和城市的美观程度。

第三节 城市智慧停车管理概念及意义

随着我国机动车保有量迅速增加，受城市建设初期布局、停车位配建指标不到位、车库布局不合理等因素影响，现有停车设施无法满足停车需求，停车资源未被有效利用，停车矛盾日益凸显。早在 2010 年，住房和城乡建设部联合公安部、国家发展和改革委员会印发的《关于城市停车设施规划建设及管理的指导意见》（建城〔2010〕74 号）中就提到，要充分利用现有资源，结合数字化城管系统、城市交通信息系统建设，积极建设城市停车信息服务平台，整合停车资源。大力建设城市停车信息诱导系统，鼓励采用现代信息技术、通信技术等为公众提供停车信息服务，推广停车预约服务和电子缴费技术，提高停车设施的利用率。2015 年 8 月，国家发展和改革委员会发布的《关于加强城市停车设施建设的指导意见》中，要求充分调动社会资本，推动停车产业化、市场化，同时在停车场建设的智能化和信息化等方面提出了具体要求。2015 年 9 月，住房和城乡建设部印发《城市停车设施规划导则》，明确提出强化停车服务的信息化以及建设停车诱导指示系统。2021 年 5 月 7 日,《国务院办公厅转发国家发展改革委等部门关于推动城市停车设施发展意见的通知》(国办函〔2021〕46 号)正式印发,其中提到鼓励电子不停车快捷收费系统在停车设施应用,支持有条件的地区推进停车信息管理平台与城市信息模型(CIM)基础平台深度融合,引导互联网平台企业等依法依规为公众提供停车信息引导等服务,加快应用大数据、物联网、第五代移动通信(5G)、“互联网 +”等新技术新模式,开发移动终端智能化停车服务应用,实现信息查询、停车位预约、电子支付等服务功能集成,推动停车资源共享和供需快速匹配。随着云计算、大数据、物联网、移动互联网、人工智能、自动化、5G、区块链等新技术发展及应用,智慧停车技术日益成熟。

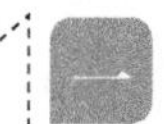

一、智慧停车的概念

智慧停车是指将卫星定位、地理信息系统(GIS)、物联网、互联网、无线通信、电子支付、大数据、云计算等技术综合应用于城市停车的规划、建设、运营、管理,以及查询、预约与导航服务,实现停车位资源的实时更新、查询、预约与导航服务一体化,实现多元化电子支付的便捷化,实现城市治理的智能化、信息化和决策的科学化,实现城市停车位资源利用率的最大化、停车位经营利润的最大化和停车服务的最优化。

狭义的智慧停车只针对城市局部区域或某一停车领域的智慧停车,如道路停车位的智慧停车、路外停车场的智慧停车。它们都是对现有停车位资源或停车场进行智能化、信息化改造,在此基础上运用智能管理系统、多元化电子支付、云平台等技术和产品实现停车位运营管理与城市治理的科学化、可视化、数字化、模型化和便捷化。例如道路停车位智慧停车的实施路径为:施划停车位并编码—安装传感器或视频采集器(咪表、手持 PDA、地磁、视频桩、高位视频、智能地锁等)—上传至智慧停车管理系统—数据处理、图像处理、云计算等—各运行系统(停车管理中心、呼叫中心、电子商务平台、App、停车诱导系统、应急指挥系统、门户网站、外部系统等)运营。诸如咪表、手持 PDA、地磁、视频桩、高位视频等技术和产品各具特色,都有各自的优缺点以及各自不同的应用条件或场景,不能简单地评价谁优谁劣,而应当是“合适就是最好的”。

广义的智慧停车是指将整个城市作为一个系统进行顶层设计,综合运用多种技术将城市停车的规划、设计、建设、投资、运营、管理等环节全覆盖,实现全过程科学化、智能化、信息化、可视化、模型化,同时,与法治建设、产业政策、城市治理、舆论引导和监督等综合配套实施,实现城市级智慧停车。城市级智慧停车在内容和形式上表现为"路内路外一体化、线上线下一体化、与动态交通互动、市场运营与城市治理相融合"。

二　智慧停车管理的意义

通过智慧停车管理系统的建设,在满足实时监控各智能停车位的前提下,系统性地协调停车和动态交通,有效缓解停车困难和交通拥堵,最大限度地提升智能停车位的使用率,既要满足群众停车需求,也要使该系统的商业价值得到充分体现。智慧停车管理系统一方面面向管理者提供监管所需的实时停车信息;另一方面面向驾驶人提供服务,以多级信息发布屏为载体,以云计算技术、无线通信技术等为技术支撑,提供停车场的停车位路线引导、空车位查询、空车位预定等服务,有效指引驾驶人停车。其目的和意义主要体现在以下方面。

(一)提高人们出行效率,提升生活品质

通过大数据分析,合理调配现有停车资源,有效缓解停车供需矛盾,实现停车资源最大化利用。通过经济杠杆,规范路内停车秩序,满足市民短时停车需求。同时,引导长时停车进入停车场,减少道路车流量,提高通行效率。电子收费方式可以进行自动计时计费、线上支付、线上充值,提供多种支付手段,高效便捷。以上措施着实解决老百姓出行停车问题,同时也可以有效降低环境污染,改善生活环境,提升市民生活品质。

(二)提高企业运营收入,支撑政府科学决策

不同类型的停车场在规模、车流量、停车位使用率/闲置率等方面具有各自的特点,要提升停车场运营效率就要针对不同停车场的特点提出不同的解决方案。智慧停车可以将停车位、车流量、停车位使用情况等数据进行整合和分析,

为停车场经营者制订合理方案提供数据支撑。一方面大大减少停车场专职管理人员及路内停车位收费人员,大大降低停车场经营成本;另一方面可防止停车费流失,线上支付、线上充值及完善监管体系有效杜绝人工收费造成的停车费流失。此外,打通智能停车管理平台、智慧交通平台、其他公共信息平台,构建城市公共服务大数据,可为城市发展规划提供决策支撑。

(三)提高城市管理效率,解决公共生活问题

对停车行业管理部门来说,有效的停车管理不仅可以弥补城市停车位缺口、提高停车位资源利用率,还可以帮助解决其他领域的问题:减少道路内无序停车、占道停车等违章现象,停车规范、有序,降低道路交通事故概率,减少行车隐患;通过解决停车难题缓解城市交通拥堵;通过对车牌信息的识别以及对区域停车数据的掌握,帮助提升公共安全;通过构建智慧停车生态圈促进城市现代服务业发展;利用城市静态停车数据帮助智慧城市规划;通过将停车数据纳入国家整体信用体系中,完善信用体系的建设;通过停车指引减少路面徘徊时间,从而减少污染物排放等。

第二章
CHAPTER 2

我国城市智慧停车管理历程及趋势

第一节　我国城市智慧停车发展历程

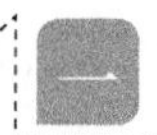

提出创建国家智慧城市，开启智慧交通建设序幕

2012 年 12 月 4 日，中共中央政治局召开会议，分析研究 2013 年经济工作。会议要求积极稳妥推进城镇化，增强城镇综合承载能力，提高土地节约和集约利用水平，有序推进农业转移人口市民化。新型城镇化坚持城市化、工业化、农业现代化、信息化“四化”同步，其中信息化在城镇化推进的过程中扮演了更加重要的角色。信息技术（IT）系统不仅是辅助系统，将更多地成为核心业务系统及核心决策系统，后周期属性逐渐减弱，将伴随城镇化的全过程，出现明显的前置化趋势。在此背景下，2012 年 11 月，住房和城乡建设部办公厅印发了《关于开展国家智慧城市试点工作的通知》（建办科〔2012〕42 号，以下简称《通知》），决定开展国家智慧城市试点工作。智慧城市是信息化与城镇化结合的最佳模式，是通过综合运用现代科学技术、整合信息资源、统筹业务应用系统，加强城市规划、建设和管理的新模式。它可以有效推动实现有限资源的合理分配，并不断深化城市功能以提高利用效率，于居民角度可解决居民最为关心的“医食住行学”问题，于政府角度可解决如何以人为本加强城市管理的问题。

《通知》中建立了《国家智慧城市（区、镇）试点指标体系（试行）》，共包括保障体系与基础设施、智慧建设与宜居、智慧管理与服务、智慧产业与经济 4 项一级指标，以及保障体系、网络基础设施、公共平台与数据库、城市建设管理等 11 项二级指标和 57 项三级指标，具体指标体系如图 2-1 所示。其中在智慧管理与服务的专项应用中包括智能交通，该项指标是指城市整体交通智慧化的建设及运行情况，包含公共交通建设、交通事故处理、电子地图应用、城市道路传感器建设和交通诱导信息应用等方面。

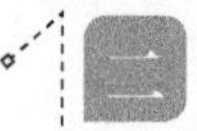

加大智慧交通建设，助力智能停车发展

2013 年 12 月 27 日，2014 年全国交通运输工作会在交通运输部党校召开。

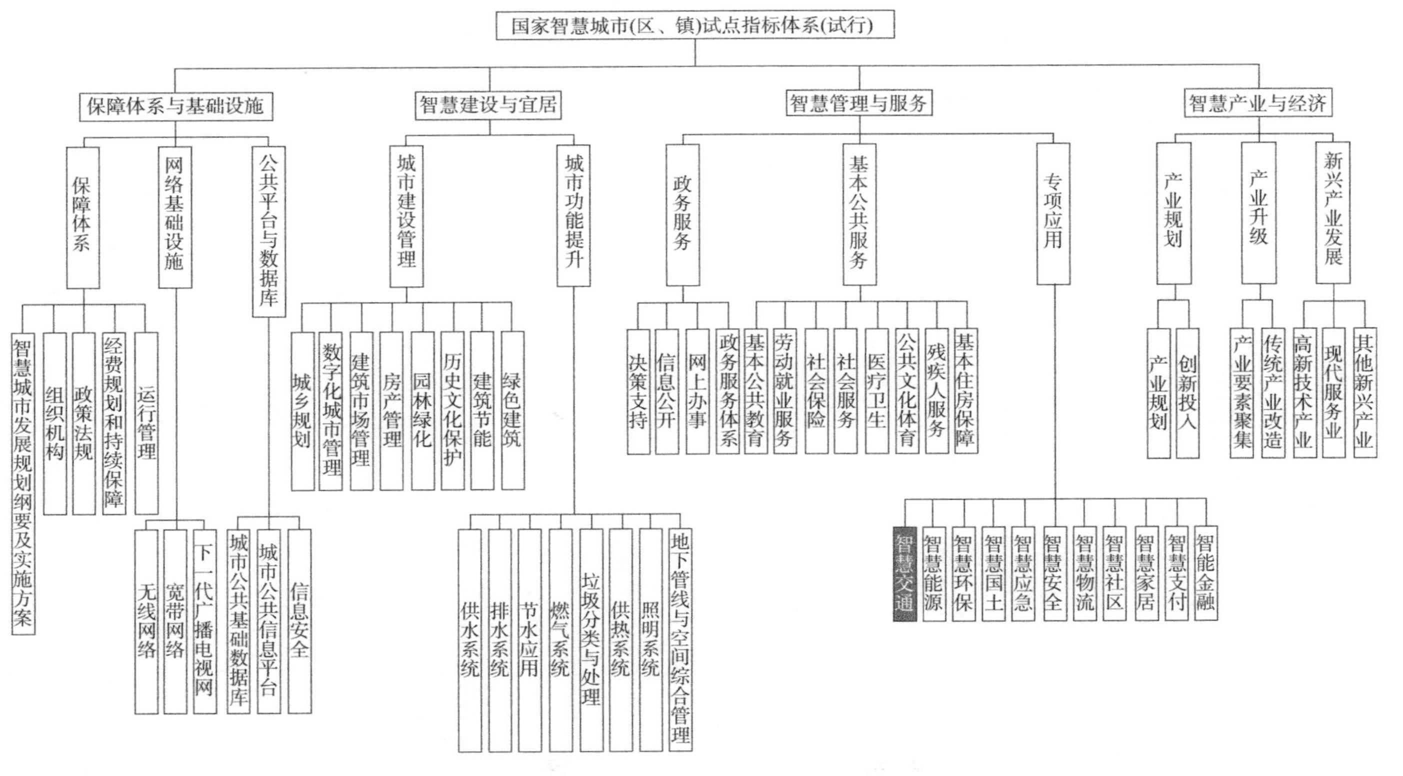

图2-1　国家智慧城市（区、镇）试点指标体系（试行）

交通运输部党组书记、部长杨传堂作了题为《深化改革 务实创新 加快推进“四个交通”发展》的工作报告，指出加快发展综合交通是适应全面建成小康社会的必然要求，是加快转方式调结构、提质增效升级的重要内容，也是推进交通运输可持续发展的必由之路。加快发展智慧交通是推进交通运输管理创新的重要抓手，是提升交通运输服务水平的有效途径，也是推动交通运输转型发展的重要支撑。加快发展绿色交通是建设生态文明的基本要求，是转变交通运输发展方式的重要途径，也是实现交通运输与资源环境和谐发展的应有之义。加快发展平安交通是以人为本的本质要求，是服务民生的最大前提，也是实现交通运输科学发展的基础条件。综合交通是核心，智慧交通是关键，绿色交通是引领，平安交通是基础，“四个交通”相互关联，相辅相成，共同构成了推进交通运输现代化发展的有机体系。

2016 年 4 月 19 日，交通运输部印发《交通运输信息化“十三五”发展规划》，当中提出要开展智慧交通示范工程。在高速公路和中心城市开展新一代交通控制网示范应用，实现交通运输网络化、智能化控制，提高运行效率和交通运输安全水平。推进智慧公路示范应用，实现路网管理、车路协同和出行信息服务的智能化。推进智慧港口示范应用，实现港口服务全流程自动化、智能化，提高港口物流效率和智能化水平。积极推进 e 航海示范，按照国际海事组织要求，示范推进航海服务电子化、智能化发展。

2017 年 9 月 14 日，交通运输部办公厅印发《智慧交通让出行更便捷行动方案(2017—2020 年)》，提出加快推进电子不停车收费(ETC)拓展应用。制定发布《关于促进高速公路电子不停车收费(ETC)系统应用健康发展的指导意见》，不断提升 ETC 安装使用便利性，着重提升 ETC 客车使用率。研究推进标准厢式货车使用 ETC，探索 ETC 系统与车车通信、车路协同等智慧交通发展方向的深度融合，为用户提供全方位出行服务。鼓励地方交通运输主管部门、高速公路运营主体探索 ETC 停车场应用，以及 ETC 在出租汽车、租赁汽车、公路物流等领域的推广应用，并提出鼓励规范城市停车新模式发展。鼓励基于移动互联网的单位、个人停车位等资源错时共享使用，推动智能停车信息服务产品在交通运输行业有序规范发展。近年来，《数字交通发展规划纲要》《交通强国建设纲要》《国家综合立体交通网规划纲要》等多项政策相继出台，进一步加强智慧交通相关建设的落实。

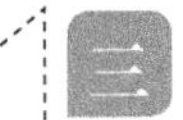

三　不断完善支持政策，推动智能停车快速发展

2015 年 8 月 3 日，国家发展和改革委员会联合财政部等部门印发《关于加强城市停车设施建设的指导意见》（发改基础〔2015〕1788 号），引导停车智能化走向，鼓励智能停车诱导系统、自动识别车牌系统等高新技术的开发与应用。文件提出，推动停车智能化和信息化。各地加快对城市停车资源状况摸底调查，建立停车基础数据库，实时更新数据，并对外开放共享；促进咪表停车系统、智能停车诱导系统、自动识别车牌系统等高新技术的开发与应用；加强不同停车管理信息系统的互联互通、信息共享，促进停车与互联网融合发展，支持移动终端互联网停车应用的开发与推广，鼓励出行前进行停车查询、预订停车位，实现自动计费支付等功能，提高停车资源利用效率，减少因寻找停车位诱发的交通需求。2021 年 2 月，交通运输部办公厅印发《关于开展 ETC 智慧停车城市建设试点工作的通知》（交办公路函〔2020〕2057 号），选定 27 个城市作为 ETC 智慧停车试点，以满足人民群众高效停车、便捷出行需求为目标，强化“ETC + 互联网”产业融合，打造智慧停车发展样板，实现停车无人值守，提高停车位使用效率，优化城市停车供需关系，推动城市动静态交通均衡协调发展，提升城市交通综合服务能力，不断增强人民群众获得感、幸福感、安全感。文件旨在加快拓展 ETC 服务功能，推动 ETC 停车场景应用，未来智慧停车领域的便捷性将进一步提高。2021 年 5 月，国务院办公厅转发国家发展和改革委员会等部门《关于推动城市停车设施发展意见的通知》（国办函〔2021〕46 号），提出支持停车装备制造企业强化自主创新，加强机械式停车装备等研发，打造自主品牌。鼓励电子不停车快捷收费系统在停车设施应用。统筹推进路内停车和停车设施收费电子化建设，并按一定比例配建新能源小汽车、公交车等充电设施。鼓励多元主体合作，根据各地实际情况完善和更新停车数据信息，最大限度开放停车数据，促进停车信息共享。支持有条件的地区推进停车信息管理平台与城市信息模型（CIM）基础平台深度融合。引导互联网平台企业等依法依规为公众提供停车信息引导等服务。加快应用大数据、物联网、第五代移动通信（5G）、“互联网 + ”等新技术新模式，开发移动终端智能化停车服务应用，实现信息查询、停车位预约、电子支付等服务功能集成，推动停车资源共享和供需快速匹配。鼓

励停车服务企业依托信用信息提供收费优惠、停车位预约、通行后付费等便利服务。持续推动智能停车快速发展。

第二节　我国城市智慧停车管理政策环境

智慧停车作为智慧城市的重要组成部分，其发展离不开政策的支持和推动。“十五”计划（2001—2005 年）时期，国家层面提倡以信息化、网络化为基础，加快智能型交通的发展；“十一五”规划明确了要建设便捷、通畅、高效、安全的综合运输体系；“十二五”至“十三五”期间，规划明确了要加强停车场等设施建设，提高交通运输信息化水平；到“十四五”时期，根据《“十四五”规划和 2035 年远景目标纲要》，加快交通等传统基础设施数字化改造，加强泛在感知、终端联网、智能调度体系建设成为“十四五”时期的重要任务。

一　法规政策出台情况

（一）国家层面

自 2010 年以来，国务院、国家发展和改革委员会、住房和城乡建设部等多部门都陆续印发了支持、规范智慧停车行业的发展政策，内容涉及加强智慧停车技术研究、推进新兴技术在停车领域的应用、建设智慧城市等内容（具体见表 2-1）。2019 年 7 月，交通运输部印发《数字交通发展规划纲要》，推进数字经济发展的决策部署，促进先进信息技术与交通运输深度融合，目标到 2025 年，交通运输基础设施和运载装备全要素、全周期的数字化升级迈出新步伐，数字化采集体系和网络化传输体系基本形成。其中，智慧停车等城市出行服务新业态受到鼓励和支持。2021 年 5 月，国务院办公厅转发国家发展和改革委员会等部门《关于推动城市停车设施发展意见的通知》，鼓励电子不停车快捷收费系统在停车设施应用；统筹推进路内停车和停车设施收费电子化建设；加快应用大数据、物联网、第五代移动通信（5G）、“互联网 +”等新技术新模式，开发移动终端智能化停车服务应用。

国家部委涉及智慧平台停车规章内容汇总　　表 2-1

时间	发布部门	名　称	涉及内容
2010 年 5 月	住房和城乡建设部	《关于城市停车设施规划建设及管理的指导意见》	推广普及信息化、智能化停车设备和停车诱导指示系统；要充分利用现有资源，结合数字化城管系统、城市交通信息系统建设，积极建设城市停车信息服务平台，整合停车资源。大力建设城市停车信息诱导系统，鼓励采用现代信息技术、通信技术等为公众提供停车信息服务，推广停车预约服务和电子缴费技术，提高停车设施的利用率
2012 年 11 月	住房和城乡建设部	《国家智慧城市试点暂行管理办法》	通过综合运用现代科学技术、整合信息资源、统筹业务应用系统，加强城市规划、建设和管理的新模式
2012 年 11 月	住房和城乡建设部	《国家智慧城市(区、镇)试点指标体系(试行)》	城市整体交通智慧化的建设及运行情况，包含公共交通建设、交通事故处理、电子地图应用、城市道路传感器建设和交通诱导信息应用等方面情况
2013 年 8 月	国务院	《国务院关于促进信息消费扩大内需的若干意见》	明确提出要加快智慧城市建设，并提出在有条件的城市开展智慧城市试点示范建设。未来，在促进公共信息资源共享和开发利用、实施“信息惠民”工程的同时，要加快智慧城市的建设，鼓励各类市场共同参与智慧城市建设
2014 年 3 月	国家发展和改革委员会	《国家新型城镇化规划(2014—2020 年)》	提出要继续推进创新城市、智慧城市、低碳城镇试点
2014 年 8 月	国家发展和改革委员会、工业和信息化部等八部门	《关于促进智慧城市健康发展的指导意见》	提出到 2020 年建成一批特色鲜明的智慧城市。未来智慧城市建设的主要目标包括城市管理精细化、生活环境宜居化和基础设施智能化等五个方面
2015 年 8 月	国家发展和改革委员会、财政部、国土资源部等七部门	《关于加强城市停车设施建设的指导意见》	在智能化停车建设方面，大力推动智慧停车系统、自动识别车牌等高新技术的应用，积极引导停车位自动查询、电子自动收费通行等新型管理形态的发展，提高停车资源的使用效率

续上表

时间	发布部门	名　称	涉及内容
2015 年 9 月	住房和城乡建设部	《住房城乡建设部关于印发城市停车设施规划导则的通知》(建城〔2015〕129 号)	建设城市停车信息综合管理服务平台,建立统一的数据接口和交换机制,统一管理全市停车位信息与使用数据;加强停车信息的互联互通,强化停车数据挖掘分析与多样化信息发布,为政府停车管理提供决策支持信息,为市民日常出行提供停车服务信息;推广使用电子停车收费技术,建设停车诱导指示系统,提高停车设施管理与利用效率
2015 年 9 月	住房和城乡建设部	《住房城乡建设部关于加强城市停车设施管理的通知》(建城〔2015〕141 号)	要尽快组织开展停车设施普查,摸清各类城市停车设施分布和使用情况,建立城市停车位信息数据库和停车服务、管理信息系统,提升停车设施管理标准化、信息化、精细化水平。建立停车设施信息系统动态更新机制,对新增或调整的停车位进行动态更新。 推广使用电子标签、电子收费技术,建设智能停车诱导系统,向驾驶人提供停车设施使用状况等,提高停车设施使用效率,并减少因寻找停车位诱发的交通需求。近期,城市停车行业主管部门可在中央商务区、重点商业地区等停车需求较大的地区,试点建设停车诱导系统,并逐步推广。 促进车辆号牌自动识别、停车位占用状态识别等智能技术的开发与应用。充分利用现代互联网技术,促进停车与互联网融合发展,支持移动终端互联网停车应用的开发与推广,鼓励居民通过手机等移动通信工具,查询、预约停车位以及进行付费

续上表

时间	发布部门	名　称	涉及内容
2015 年 9 月	住房和城乡建设部	《住房城乡建设部关于印发城市停车设施建设指南的通知》	2.1.8 停车设施的平面布置应符合下列要求： (6)对社会开放的停车设施宜根据需要设置停车诱导系统、电子收费系统、监控系统和广播系统等。 2.1.11 停车设施智能化系统应符合下列规定： (1)大型和特大型机动车停车库、场应设置智能化停车系统。 (2)智能化系统应与火灾自动报警及消防联动系统连接。 (3)宜设置停车位信息系统和自动报警系统，并可根据停车设备类型、建设规模及环境等因素，选择配置出入口控制系统、智能化电子收费系统、停车诱导系统、反向寻车诱导系统、电子标签系统、车辆以及驾驶人高清图像比对系统、大型停车库运行视频监控系统、远程通信及协助系统等智能化系统。智能停车技术的具体要求参见 2.3.3 节。 2.2.1.21 停车库、场管理系统的设置应符合现行国家标准《智能建筑设计标准》(GB 50314)的规定。 2.2.3.6 路内停车位可依所在地区、道路编号，可建立相应的停车诱导系统，并可与路外停车诱导系统、城市的交通管理系统等进行有机衔接。 2.2.4.4 实施区域综合管理，长效改善小区生活环境。建立以街道为管理主体的集治安、城管、交警为一体的区域共治管理机制，同步完善治安监控、停车诱导等智能管理系统，通过信息化手段保障 24 h 不间断管理，全面提升社会基层治理水平。 3.3.5 建立停车设施建设协调服务平台，理顺各类停车场基本建设程序，帮助企业解决项目在前期审批、建设过程中遇到的各类问题。 3.3.6 建立停车设施项目对接服务平台，在停车产业投资者、停车需求者和停车设施生产者之间搭建长期互助平台，满足三者的相关需求

续上表

时间	发布部门	名　称	涉及内容
2016 年 1 月	国家发展和改革委员会	《加快城市停车场建设近期工作要点与任务分工》	从规划、细则、财政支持、停车资源、停车数据库等方面进行了全面细致的要求
2016 年 2 月	国务院	《中共中央 国务院关于进一步加强城市规划建设管理工作的若干意见》	提出合理配置停车设施,鼓励社会参与,放宽市场准入,逐步缓解停车难问题
2016 年 3 月	国家发展和改革委员会	《国家发展改革委办公厅关于印发 2016 年停车场建设工作要点的通知》	要求各省(自治区、直辖市)发展改革部门要主动牵头,会同有关部门抓紧开展停车场专项规划编制工作,或对既有规划进行必要的修编,争取 2016 年内完成。其中北京、天津、上海、重庆、杭州、深圳 6 个城市要率先于 2016 年上半年出台
2016 年 7 月	国家发展和改革委员会、交通运输部	《推进“互联网 +”便捷交通促进智能交通发展的实施方案》	充分认识推进“互联网 +”便捷交通、促进智能交通发展的重要意义,全面推进交通与互联网更加广泛、更深层次的融合,为我国交通发展现代化提供有力支撑
2016 年 8 月	住房和城乡建设部、国土资源部	《住房城乡建设部 国土资源部关于进一步完善城市停车场规划建设及用地政策的通知》(建城〔2016〕193 号)	与其他功能的建筑结合开发的公共停车场应设置独立区域、单独出入口、明确的标志和诱导系统
2016 年 11 月	国家发展和改革委员会	《关于开展城市停车场试点示范工作的通知》	重点提到了推动“互联网 + 停车”和停车位共享新业态发展、国家政策、资金扶持以及大力引进社会资本,创新金融服务模式
2016 年 11 月	工业和信息化部、国家标准化管理委员会	《智慧家庭综合标准化体系建设指南》	目标到 2020 年,初步建立符合我国智慧家庭产业发展需要的标准体系,形成基础标准较为完善、主要产品和服务标准基本覆盖、标准技术水平持续提升、标准应用范围不断扩大,与国际先进标准水平保持同步发展的良好局面

续上表

时间	发布部门	名　　称	涉及内容
2017 年 2 月	国务院	《"十三五"现代综合交通运输体系发展规划》	提出提升交通发展智能化水平，促进交通产业智能化变革
2017 年 7 月	国务院	《国务院关于印发新一代人工智能发展规划的通知》	提出推进社会治理智能化，建设智慧城市，构建城市智能化基础设施，推进城市规划、建设、管理、运营企业生命周期智能化。其中强调要建设智能交通：研究建立营运车辆自动驾驶与车路协同的技术体系；研发复杂场景下的多维交通信息综合大数据应用平台，实现智能化交通疏导和综合运行协调指挥，建成覆盖地面、轨道、低空和海上的智能交通监控、管理和服务系统
2017 年 9 月	交通运输部	《智慧交通让出行更便捷行动方案（2017—2020 年）》	提出进一步加快城市交通出行智能化发展：鼓励规范城市停车新模式发展；鼓励基于移动互联网的单位、个人停车位等资源错时共享使用，推动智能停车信息服务产品在交通运输行业有序规范发展
2019 年 1 月	自然资源部	《智慧城市时空大数据平台建设技术大纲（2019 版）》	旨在推动互联网、大数据、人工智能和实体经济深度融合，建设数字中国、智慧社会。城市是社会发展最活跃的地区，因此，智慧城市建设是建设智慧社会的重要组成部分，而时空大数据平台是智慧城市建设与运行的基础支撑，是数字中国时空信息数据库的重要组成部分，是基础测绘转型升级的重要任务
2019 年 6 月	公安部、住房和城乡建设部	《关于加强和改进城市停车管理工作的指导意见》（公交管〔2019〕345 号）	融通停车资源数据信息，推进停车信息管理平台、互联网停车诱导系统的建设应用，提升停车管理、服务信息化水平。推动停车资源时空置换、错时共享、有偿使用，试行热点区域限时停车、即停即走，提升停车资源周转率。 建设城市停车管理信息平台，共享停车场库动静态信息，向社会提供信息服务。积极推进城市停车管理与移动互联网的融合发展，应用物联网、人工智能、车路协同等新技术，实现停车信息查询、停车位预订、停车位诱导、无感支付、反向寻车等功能，提高停车设施周转率，减少寻位绕行时间，促进动静态交通和谐运转

续上表

时间	发布部门	名　称	涉及内容
2019年7月	交通运输部	《数字交通发展规划纲要》	到2025年，交通运输基础设施和运载装备全要素、全周期的数字化升级迈出新步伐，数字化采集体系和网络化传输体系基本形成。到2035年，交通基础设施完成全要素、全周期数字化，天地一体的交通控制网基本形成
2019年9月	国务院	《交通强国建设纲要》	指出将大力发展智慧交通，推动交通发展由依靠传统要素驱动向更加注重创新驱动转变。打造富有活力、智慧引领的科技创新，其中包括：强化前沿关键科技研发。瞄准新一代信息技术、人工智能、智能制造、新材料、新能源等世界科技前沿，加强对可能引发交通产业变革的前瞻性、颠覆性技术研究
2020年1月	交通运输部	《2020年交通运输更贴近民生实事》	在全国范围内选择具备条件的10个以上城市，开展ETC智慧停车城市试点，在机场、商场、火车站、居民小区等地的停车场推广应用ETC，提升智慧停车服务能力
2020年7月	国家发展和改革委员会	《国家发展改革委办公厅关于做好县城城镇化公共停车场和公路客运站补短板强弱项工作的通知》	强化停车和客运资源信息化管理水平，加强县域范围公共停车场和公路客运服务资源摸底调查，建立数据库。利用智慧平台提升服务供给保障，加快县域智慧出行、智慧停车等相关信息平台建设，着重推进公共停车资源在夜间、节假日期间错时共享，根据旅客需求灵活设置出行线路，丰富服务体系，提高资源利用效率，完善全程出行链
2020年12月	工业和信息化部	《工业互联网创新发展行动计划（2021—2023年）》	培育一批系统集成解决方案供应商，拓展智慧城市等领域规模化应用。打造跨产业数据枢纽与服务平台，形成产融合作、智慧城市等融通生态

续上表

时间	发布部门	名　称	涉及内容
2020 年 12 月	交通运输部	《交通运输部办公厅关于开展 ETC 智慧停车城市建设试点工作的通知》(交办公路函〔2020〕2057 号)	(一)数字赋能产业融合。结合"新基建",通过大数据、人工智能、5G 等与 ETC 技术的融合应用,强化"ETC + 互联网"产业融合,打造 ETC + 物联网感知、ETC + 智能网联通信、ETC + 大数据平台、ETC + 静态交通管理、ETC + 车主服务等 ETC + 产业链,形成数据驱动的管理服务新模式,实现与本地相关平台互联互通、信息共享,增强协同应用能力,推动城市停车服务提质增效。北京、南京、杭州、深圳、佛山、贵阳、银川重点实施。 (五)静态交通治理。聚焦城市停车需求,完善 ETC 停车场及路侧停车配套设施,建设城市级停车管理管控平台,实现停车场无人值守、预约诱导停车以及资源高效周转,全面提高城市停车精细化管理水平,提升城市交通服务品质和环境秩序。阳泉、鄂尔多斯、淮安、韶关、中山、遂宁重点实施。 (六)省级示范区。研究制定本省 ETC 停车相关服务规则和技术要求,建设停车管理综合平台,做好与各地市停车管理平台衔接。聚焦综合交通,积极探索 ETC 在动静态交通涉车、涉路领域创新应用,充分挖掘交通出行大数据,全面提升 ETC 服务水平。江苏省重点实施。 (八)提升装备技术水平。支持停车装备制造企业强化自主创新,加强机械式停车装备等研发,打造自主品牌。鼓励电子不停车快捷收费系统在停车设施应用。统筹推进路内停车和停车设施收费电子化建设,并按一定比例配建新能源小汽车、公交车等充电设施。国家发展改革委、工业和信息化部、住房城乡建设部、交通运输部、国家能源局按职责分工负责。 (十五)放宽市场准入条件。深化"放管服"改革,培育公平开放的停车市场环境,消除市场壁垒和障碍,鼓励各类市场主体全面参与设施建设、装备研发、产品供应、设施维保、运营管理和信息系统建设。降低停车设施建设运营主体、投资规模等准入标准,允许中小微企业和个人申请投资运营公共停车设施,原则上不对停车位数量作下限要求。细化停车设施设备分类及审批管理办法,对小型停车设施项目和利用自有土地建设的停车设施项目实行备案制。各城市人民政府负责,国家发展改革委、自然资源部、住房城乡建设部按职责分工加强指导支持

续上表

时间	发布部门	名　称	涉及内容
2021 年 5 月	国务院	《关于推动城市停车设施发展的意见》	到 2025 年,全国大中小城市基本建成配建停车设施为主、路外公共停车设施为辅、路内停车为补充的城市停车系统,社会资本广泛参与,信息技术与停车产业深度融合

根据智慧停车相关政策规划,提出目标为:到 2025 年,全国大中小城市基本建成配建停车设施为主、路外公共停车设施为辅、路内停车为补充的城市停车系统,社会资本广泛参与,信息技术与停车产业深度融合,停车资源高效利用,城市停车规范有序,依法治理、社会共治局面基本形成,居住社区、医院、学校、交通枢纽等重点区域停车需求基本得到满足。到 2035 年,布局合理、供给充足、智能高效、便捷可及的城市停车系统全面建成,为现代城市发展提供有力支撑。

(二)省级层面

目前,各省份均在"十三五""十四五"时期发布了推动智慧停车建设的支持性政策。如江苏省《关于加快新型信息基础设施建设扩大信息消费的若干政策措施》中提到要实现信息查询、出行规划、智能诱导、智慧停车等个性化服务;浙江省在《浙江省综合交通产业发展规划》中提到要构建网络化共享停车系统,积极推广共享停车新模式,培育形成智慧交通等一批新业态,浙江省"十四五"规划中也提到要加强智慧停车等现代化交通设施建设。各地的智慧停车建设加速推进,北京、天津、上海、江西、湖南、广东、重庆、贵州、甘肃、宁夏等省(自治区、直辖市)也出台了停车管理办法或完善停车设施的规范性文件,当中对停车管理平台以及智慧停车相关内容作出了明确要求。具体内容见表 2-2。

各省(自治区、直辖市)涉及智慧平台停车部门规章内容汇总　　表 2-2

省(自治区、直辖市)	发布时间	名　称	涉及内容
江苏	2020 年 4 月	《关于加快新型信息基础设施建设扩大信息消费的若干政策措施》	完善交通出行综合信息服务体系。实现信息查询出行规划、智能诱导、智慧停车等个性化服务,组织省内重点软件企业研发智慧交通产品,实施智慧交通示范工程
	2021 年 3 月	《江苏省国民经济和社会发展第十四个五年规划和二〇三五年远景目标纲要》	推动老旧小区精细化改造,补齐停车等公共基础设施和功能配套短板。发挥物联网赋能智慧交通功能,加快智能终端推广应用

续上表

省(自治区、直辖市)	发布时间	名　　称	涉及内容
浙江	2018 年 2 月	《浙江省综合交通产业发展规划》	构建网络化共享停车系统,积极推广共享停车新模式。培育形成智慧交通等一批新业态
	2021 年 2 月	《浙江省国民经济和社会发展第十四个五年规划和二〇三五年远景目标纲要》	完善停车场、旅游集散中心等基础设施,提升综合服务水平。加大城区停车位建设力度。开展交通公共场所智慧化服务提升行动,提升公众智慧出行服务体验
	2021 年 5 月	《浙江省新型城镇化发展"十四五"规划》	积极培育智慧商圈,优化商业网点规划布局。推进智慧交通等建设。加强智慧停车等现代化交通设施建设
福建	2021 年 3 月	《福建省国民经济和社会发展第十四个五年规划和二〇三五年远景目标纲要》	提供智慧便捷公共服务,加强城市"神经元"感知系统建设,提供城镇交通等智慧应用服务。加快建设"智慧 + 立体"停车场,建设大型"P + R"换乘停车场,新增公共停车位 8 万个
	2021 年 5 月	《福建省加强城市地下市政基础设施建设工作方案》	积极推动地下停车场、立体停车库等设施建设,鼓励充分利用公园、绿地等公共区域地下空间建设停车场,到 2025 年全省新增 8 万个公共停车位,设区市投用智慧停车系统
北京	2018 年 3 月	《北京市机动车停车条例》	第二十三条　市交通行政主管部门建立停车综合管理服务系统,对停车设施实行动态管理,向社会提供信息服务,并与公安机关交通管理、城市管理综合执法、规划国土、住房城乡建设等部门相互共享管理信息。 市交通行政主管部门应当与从事停车信息服务的经营者建立信息共享机制。信息服务的经营者应当将相关信息接入停车综合管理服务系统,市交通行政主管部门应当对信息服务质量进行监督,制定信息服务具体规范。 市交通行政主管部门应当制定停车位编码规则,对停车位进行统一编码管理。定期组织开展停车资源普查,并将普查结果纳入停车综合管理服务系统。 第二十四条　区停车管理部门应当根据本市停车综合管理服务系统,建立区域停车诱导系统,实时公布分布位置、使用状况、停车位数量等停车设施动态信息,引导车辆有序停放。 公共停车设施应当按照标准配建停车诱导设施、进出车辆信息采集及号牌识别系统,与所在区域停车诱导系统实时对接

续上表

省(自治区、直辖市)	发布时间	名　　称	涉及内容
北京	2021年1月	《北京市2021年办好重要民生实事项目分工方案》	推进停车实施有偿错时共享，推广智慧停车；利用人防地下空间提供5000个停车位，进一步缓解“停车难”问题
	2021年3月	《北京市国民经济和社会发展第十四个五年规划和二〇三五年远景目标纲要》	推动实施停车设施补短板、智能交通能力建设等工程。保持城市道路、停车设施等交通基础设施领域较高强度的投资。在中心城区探索利用公园绿地等公共空间建设地下停车场
天津	2015年4月	《天津市机动车停车管理办法》	本市建立统一的机动车智能停车管理系统，对停车位进行编号，对公共停车场、道路停车位信息实行动态管理，并实时公布公共停车场、道路停车位的分布位置、使用状况、停车位数量等情况。 区县人民政府应当根据本市机动车智能停车管理系统，建设区域停车引导设施，并负责运行、维护和管理。 公共停车场、道路停车位向社会开放并收费的，应当将配建的停车引导系统接入所在区域停车引导设施，但专用停车场向社会开放的除外
上海	2012年8月	《上海市停车场(库)管理办法》	本市实行公共停车信息系统联网管理。 市、区(县)交通行政主管部门应当按照统一的标准组织公共停车信息系统的建设，并通过网站、停车诱导指示牌等方式，向社会公众提供停车场(库)位置、停车位剩余数量等信息服务。 公共停车场(库)经营者和道路停车场管理者应当按照有关规定和标准，将其停车信息纳入全市公共停车信息系统。 公共停车信息系统的联网管理规定和有关标准，由市交通行政主管部门会同有关部门制定。 公共停车场(库)经营者、道路停车场管理者违反本办法第二十八条第三款规定，不按照规定将停车信息纳入全市公共停车信息系统的，处以1000元以上1万元以下的罚款

续上表

省(自治区、直辖市)	发布时间	名　称	涉及内容
上海	2021 年 1 月	《上海市国民经济和社会发展第十四个五年规划和二〇三五年远景目标纲要》	完善公共停车信息平台功能,利用信息化服务提高停车位利用效率,实现商业综合体移动端停车信息服务全覆盖。深化智慧交通发展,构建交通智能感知信息网络
	2021 年 6 月	《上海市综合交通发展"十四五"规划》	挖掘停车资源,缓解老城区停车矛盾,推进新城公共停车场建设,构建规模适宜、布局完善、结构合理的停车设施系统。促进停车产业化和智慧停车融合发展,引导一批行业领先企业落地实践先进技术。推动停车设施新技术试点应用,做好跟踪评估和拓展推广
江西	2017 年 7 月	《关于进一步完善城市停车设施规划建设管理工作的指导意见》	推动停车智能化信息化。推广使用电子标签、电子收费技术,将停车诱导纳入城市交通诱导系统统筹规划建设,建设智能停车诱导系统,向驾驶人提供停车设施使用状况等,提高停车设施使用效率,减少因寻找停车位诱发的交通需求。城市停车行业主管部门可在中央商务区、重点商业地区等停车需求较大的地区,试点建设停车诱导系统,并逐步推广。促进车辆号牌自动识别、停车位占用状态识别等智能技术开发与应用。充分利用现代互联网技术,促进停车与互联网融合发展,支持移动终端互联网停车应用开发与推广,鼓励居民通过手机等移动通信工具查询、预约停车位和付费
	2021 年 2 月	《江西省国民经济和社会发展第十四个五年规划和二〇三五年远景目标纲要》	加快公路、铁路、水运、民航、邮政等基础设施智能化升级,重点推进南昌、赣州等地智慧出行及公共交通智能化应用、基于 5G 的车路协同智慧物流示范区、智慧停车示范、自动驾驶开放测试道路场景等项目
	2021 年 9 月	《江西省"十四五"消费升级发展规划》	开展完整居住社区建设,因地制宜改善社区市政基础设施和公共服务设施。统筹推进智能停车等社区生活服务设施建设,推动"互联网＋社区"公共服务平台建设

续上表

省(自治区、直辖市)	发布时间	名　称	涉及内容
湖南	2013 年 7 月	《湖南省停车场管理办法》	第十二条　公共停车场管理人应当在停车场开放20日前向当地县级人民政府公安机关交通管理部门报送停车场的名称、位置、所有人或者管理人名称或者姓名、停车位数量、收费标准等信息,公安机关交通管理部门应当在10日内将收到的信息录入公共停车信息系统。 第十八条　城市人民政府应当组织建设公共停车信息系统。 公共停车场应当与城市公共停车信息系统联网,实时传输停车信息。公安机关交通管理部门应当加强公共停车信息系统的管理和维护,为公众提供停车信息服务。 第二十七条　公安机关交通管理部门应当将道路临时停车位纳入公共停车信息系统
广东	2020 年 7 月	《广东省人民政府办公厅关于印发加强和改进全省城市停车管理工作指导意见的通知》	开展停车设施普查,建立停车位编码制度,充分利用省政务服务大数据中心建设成果,建立城市停车位主题数据库,制作以"粤政图"平台底图为基础的城市停车位"一张图",依法依规向社会开放停车场位置、停车位等信息。建立健全城市停车设施备案和停车基础信息数据采集机制,督促停车设施经营、管理单位全面采集并定期更新停车位布局、停车位使用、收费标准等数据,依法对相关信息进行案登记,及时向社会公开。建设政府主导的省、市两级停车信息管理平台,打通停车信息资源数据壁垒,全面接入并整合停车实时信息资源。制定智慧停车管理系统技术标准,明确技术规范与准则,完善停车设施前端信息采集设备建设,推进车牌识别、图像识别、电子标识、电子不停车收费系统(ETC)等汽车信息采集技术的开发与应用,及时精准传输相关信息。积极推进城市停车管理平台与移动互联网融合,促进智慧停车产业发展,实现停车信息查询、停车位预订、停车位诱导、无感支付、反向寻车等功能,提高停车设施周转率,减少寻位绕行时间

续上表

省(自治区、直辖市)	发布时间	名　称	涉及内容
广东	2021 年 4 月	《广东省国民经济和社会发展第十四个五年规划和二〇三五年远景目标纲要》	打造新型智慧城市。推进智能交通灯、智能潮汐车道、智能停车引导、智慧立体停车等智慧治堵措施广泛应用。实施智能化市政基础设施建设和改造,加快推进智慧社区建设
重庆	2016 年 1 月	《重庆市停车场管理办法》	市市政主管部门应当统筹全市停车信息系统建设,建立统一的数据接口和交换机制,统一管理全市停车位信息与使用数据,加强停车信息的互联互通。推广路内停车位停车电子计时收费,加强停车信息管理。 区县(自治县)市政主管部门应当建设本行政区域内停车信息系统,统一接入全市停车信息系统,逐步实施路内停车电子计时收费。 停车场经营管理者应当按照有关规定和标准,将其停车信息纳入全市停车信息系统
贵州	2019 年 1 月	《贵州省停车场管理办法》	第五条　县级以上人民政府应当将停车场建设纳入国民经济和社会发展规划。政府筹建的停车场所需资金按照相关规定以政府投资、社会投资或者政府与社会资本合作等方式予以保障。 鼓励引导社会资本参与停车场建设,推广运用新型立体高层停车场、智能停车诱导系统、机械停车设施等智能化、信息化停车和管理方式。 第十四条　停车场建设单位建设停车场时,应当同步配建停车场实时动态信息系统。停车场已经建成的,停车场经营管理单位应当补建停车场实时动态信息系统。停车场实时动态信息系统应当接入停车场主管部门的停车信息管理系统。 第十九条　停车场主管部门应当利用大数据等信息技术,建立统一的停车信息管理系统,对收集到的停车信息实行动态管理,实时公布停车位的分布位置、数量及收费标准等信息,并与公安、市场监督管理等主管部门建立信息共享机制。 停车场主管部门建设停车信息管理系统时应当同步建设停车诱导系统,发布停车诱导信息。 第三十二条　违反本办法第十四条规定,停车场建设单位与停车场经营管理单位未同步配建、补建停车场实时动态信息系统的,由住房城乡建设主管部门责令限期改正,逾期未改正的,并处以 3000 元以上 3 万元以下罚款

续上表

省(自治区、直辖市)	发布时间	名　　称	涉及内容
甘肃	2011 年 11 月	《甘肃省道路交通安全条例》	交通运输、公安、应急管理部门应当利用重点营运车辆联网联控系统提供的监管手段,实施联合监管。 交通运输部门负责建立营运车辆动态信息公共服务平台,实现与重点营运车辆联网联控系统的联网,并向公安、应急管理等部门开放数据传送
宁夏	2018 年 1 月	《宁夏回族自治区机动车停放服务收费管理办法》	各类停车设施经营管理者应加强收费管理,提升服务水平,其收益应优先保障停车设施的建设与维护,加快推行停车收费电子缴费及智能停车管理系统建设

(三)中心城市(除直辖市)

太原、呼和浩特、沈阳、长春、哈尔滨、南京、杭州、合肥、福州、南昌、济南、武汉、长沙等中心城市也出台了停车管理办法,当中对停车管理平台建设作出了明确要求。具体见表 2-3。

中心城市涉及智慧平台停车部门规章内容汇总　　表 2-3

序号	名　　称	所在章节	涉及内容
1	《太原市关于加快推进停车设施规划建设管理的实施意见》	六、保障措施(六)运营保障	建立市区智能停车诱导系统和停车信息服务平台,实现市区智能停车联网管理,引导车辆合理停放,提高停车位的利用率和周转率
		七、综合治理	开展全市停车普查,建立全市停车智能管理信息系统
2	《呼和浩特市停车场管理办法》	第十四条	停车场管理部门应组织公共停车信息系统的建设,推广应用智能化、立体化、信息化手段管理停车场,并负责公共停车信息系统的运行,及时向社会发布相关信息。 公共停车场的经营者应按照有关规定和标准,将其停车信息纳入全市公共停车信息系统
3	《沈阳市机动车停车场管理办法》	第五条	市公安机关应当会同有关部门制定智能化停车场建设标准,组织停车引导系统等公共停车信息系统的建设,应用智能化、信息化等手段管理停车场
4	《长春市机动车停车场管理办法》	第六条	市市政设施主管部门应当会同有关部门组织建设机动车停车诱导信息系统,并推广应用智能化、信息化手段管理停车场

续上表

序号	名　称	所在章节	涉及内容
5	《哈尔滨市机动车停车场管理办法》	第五章 其他规定 第四十三条	公安机关交通管理部门应组织公共停车信息系统的建设，推广应用智能化、信息化手段管理停车场，并负责公共停车信息系统运行的监督管理。 公共停车场的经营者应按照有关规定和标准，将其停车信息纳入全市公共停车场信息系统
6	《南京市停车场建设和管理办法》	第二十条	市城市管理行政主管部门会同市交通运输、公安机关交通管理等行政主管部门组织建立城市公共停车信息系统，通过网站、停车诱导指示牌等方式，向社会公众提供停车场位置、停车位剩余数量等信息服务。鼓励停车场经营管理者采用智能化、信息化等手段进行停车管理
		第二十二条 第(四)项	从事公共停车场经营应当按照规定办理工商和税务登记，并在领取营业执照之日起 15 日内向所在区城市管理行政主管部门办理备案。 办理备案手续应当提交下列材料：(四)停车计费和信息系统设置说明书、检定(检测)合格证明、管理运行方案
7	《杭州市机动车停车场(库)建设和管理办法》	第十七条	市公安机关交通管理部门负责建立统一的交通管理信息系统，收集、掌握本市停车场设置情况，并实时公布向社会提供服务的停车场分布位置、停车位数量、使用状况等情况。 市城市管理行政主管部门负责建立道路停车位和政府投资建设公共停车场停车监管和服务诱导系统，并与交通管理信息系统实现信息共享
		第十八条	建设单位建设公共停车场和公共建筑配建的专用停车场时，应同步配建停车场实时动态信息管理系统，并接入交通管理信息系统。 政府投资建设的公共停车场配建的实时动态信息管理系统应同时接入停车监管和服务诱导系统
8	《合肥市机动车停车场管理办法》	第四十二条	市城市管理部门应当会同市国有资产监督管理、公安、信息化管理等部门组织建设本市统一的停车信息管理和服务系统，对停车场信息实行动态管理，并实时公布向社会开放的停车场分布位置、使用状况、停车位数量等情况。 区人民政府应当根据市停车信息管理和服务系统，建设区域停车诱导子系统，并负责运行、维护和管理。 停车场向社会开放的，应当如实将相关停车数据接入区域停车诱导子系统

续上表

序号	名　　称	所在章节	涉及内容
9	《福州市停车场建设和管理办法》	第四条	市公安机关交通管理部门是本市停车场管理主管部门，负责停车场及公共停车信息系统的监督管理，参与停车场专项规划编制和建设规划审查
		第十六条	市大数据发展管理部门应会同市公安机关交通管理、城市管理等部门组织建设全市统一的公共停车信息系统，市公安交通管理部门负责指导公共停车场的所有者或管理者按照有关规定和标准，将其停车数据和支付系统接入全市公共停车信息系统。 全市统一的公共停车信息系统应当汇聚全市各类停车信息，实时公布向社会提供服务的停车场分布、停车位数量、使用状况等信息，提供停车诱导、停车位共享、停车服务质量评价等便捷停车服务，为停车政策的制定提供决策数据
		第十七条	建设单位建设公共停车场和公共建筑配建的专用停车场时，应当同步配建停车场信息管理系统，并接入全市统一的公共停车信息系统。 停车场信息管理系统应当具备智慧化管理功能，便捷停车体验，实现在线电子统一支付、现金支付等多种支付方式。收费停车场鼓励采用电子感应设备收费，不得拒绝人工支付
		第三十六条	违反本办法第十七条规定，公共停车场和公共建筑配建的专用停车场未配建停车场信息管理系统或未接入全市统一的公共停车信息系统的，由公安机关交通管理部门责令限期整改，逾期未改正的，每个停车位处以二百元罚款，最高不超过三万元
10	《南昌市机动车停车场管理办法》	第二十四条	市公安机关交通管理部门应当组织建设公共停车场信息系统，监督公共停车场信息系统的运行，推广应用智能、信息化手段管理公共停车场，并及时向社会发布本地公共停车场的具体位置、停车位数量和停车场变化情况等信息
11	《济南市机动车停车收费管理办法》	第十三条	机动车停车场（所）管理应当统一信息系统、统一收费标准、统一收费票据、统一收费用途
12	《武汉市机动车停车场管理办法（试行）》	第十八条	市公安机关交通管理部门应当组织公共停车信息系统的建设，推广应用智能化、信息化手段管理公共停车场，负责公共停车信息系统的运行，并及时向社会发布相关信息

续上表

序号	名　称	所在章节	涉及内容
13	《武汉市机动车道路临时停放管理办法》	第四条	市城市管理部门是本市机动车道路临时停放管理工作的主管部门,负责组织制订本市机动车道路临时停放管理和服务的相关规范;组织建设城市道路停车智能管理系统,划分收费区域类别……
		第十二条	城市道路停车位经营者应当按照特许经营协议的约定建设机动车智能停车管理系统,对城市道路停车位进行编号和建设附属设施,对城市道路停车位信息实行动态管理,实时公布城市道路停车位的分布位置、使用状况、停车位数量等情况,并将相关信息实时传送公安机关交通管理部门和市城市管理部门
14	《武汉市机动车停车设施使用管理办法》	第四条	公安机关交通管理部门负责依法查处有关停车设施使用管理的违法行为,并负责维护全市停车信息管理和服务系统,与自然资源和规划、城乡建设、市场监管等行政管理部门相互共享管理信息
		第十四条	公安机关交通管理部门组织、督促停车设施的经营服务单位按照规范要求向停车信息管理和服务系统实时上传相关停车信息,并对外发布停车引导信息
15	《武汉市停车设施建设管理暂行办法》	第二章停车设施规划和建设第三十四条	市公安机关交通管理部门负责建设全市统一的停车信息管理和服务系统,并制定相应的技术规范。 停车设施经营管理者应当按照相关规定和标准,建设智能化停车管理系统、网络传输线路和停车诱导设施
16	《长沙市机动车停车场管理办法》	第七条	本市实行公共停车信息系统联网管理。 市人民政府应当组织本市公共停车信息系统建设,应用停车诱导系统、停车自动计时收费等信息化、智能化手段管理公共停车场和道路临时车停车位。 公共停车信息系统的联网管理规定和有关标准,由市公安机关交通管理部门会同有关部门制定,报市人民政府批准后实施
		第十五条	已开通公共停车信息系统联网功能区域的公共停车场,应当按照有关规定和标准设置与城市公共停车信息系统相配套的实时停车信息数据传输系统,将其停车信息纳入全市公共停车信息系统,对社会公众实时公布
17	《长沙市停车场管理暂行办法》	第三条	长沙市公共停车设施项目办公室负责牵头组织、指导和监督本办法各项工作的实施,制订全市智能停车系统建设标准
		第五条	市住房城乡建设部门负责将智能停车系统建设纳入配建停车场验收事项,实现新建停车场同步验收、同步接入数据

续上表

序号	名　称	所在章节	涉及内容
18	《南宁市停车场管理办法》	第十三条	市公安机关交通管理部门应当建立公共停车信息系统，并及时向社会发布停车服务信息。 公共停车场经营者和道路停车位经营者应当按照有关规定和标准，向市公安机关交通管理部门提供停车服务信息。提供停车服务信息的具体标准由市公安机关交通管理部门另行制定
19	《成都市机动车停车场管理办法》	第七条（智能化建设）	交通行政管理部门应组织公共停车信息系统建设，推广应用立体机械式停车设备、停车自动计时收费设备等智能化、信息化手段管理公共停车场和临时停车位。 公共停车信息系统联网智能化建设的有关规定和标准，由交通行政管理部门会同有关部门制定。 公共停车场经营业主应积极按照有关规定和标准，应用智能化手段进行经营管理，并将其停车信息纳入全市公共停车信息系统
20	《贵阳市停车场管理办法》	第十二条	建设单位建设公共停车场和公共建筑配建专用停车场时，应当同步配建停车场实时动态信息管理系统；停车场已经建成的，应当补建停车场实时动态信息管理系统。停车场实时动态信息管理系统应当接入公安机关交通管理部门的停车信息系统。 个人申请建设停车场，具备条件的，应当按照前款规定执行。 公安机关交通管理部门应当会同物价、税务、工商及其他有关部门组织建设停车信息系统，推广应用智能化、立体化、信息化手段管理停车场，负责停车信息系统的运行管理，并实时向社会发布提供服务的停车场分布位置、停车位数量、使用状况、收费标准等相关信息情况
		第三十六条第二款	公共停车场的经营服务单位应当将其停车信息纳入停车场实时动态信息管理系统和公安机关交通管理部门的停车信息系统
		第三十三条第（三）项	停车场经营服务单位，应当遵守下列规定：（三）按照公安机关交通管理部门的要求保持停车场标志标线和停车场实时动态信息管理系统的完好有效

续上表

序号	名　称	所在章节	涉及内容
21	《昆明市机动车停车场管理办法》	第十五条	机动车停车场建设应当符合国家、省、市设置标准和设计规范,配套建设照明、通信、排水、排风、消防、视频监控、停车引导、电子信息数据处理及接驳等系统,设置残疾人专用停车位、交通安全和防汛设施设备,设置或者预留供新能源汽车使用的充电装置
		第四十条	机动车停车场应当利用移动互联网、物联网、大数据、卫星定位系统和地理信息系统等技术,逐步完成数据采集、停车诱导、智能停车、收费管理的综合开发利用
22	《西安市停车场管理办法》	第十条	市建设行政管理部门负责本市停车信息系统的建设及运行管理,推广应用智能化、信息化手段管理停车场。区、县人民政府和开发区管理委员会,以及市公安机关交通管理、城市管理等部门按照各自职责配合实施
		第二十一条	建设停车场,应当符合停车场设计要求,配套建设照明、通信、排水、排风、消防、视频监控、停车引导等系统,设置残疾人专用停车位、交通安全和防汛设施设备,设置或者预留供新能源汽车使用的充电装置
		第四十一条	公共停车场的经营服务单位和专用停车场的管理单位应当将其停车信息纳入本市停车信息系统。 停车信息系统的信息应当在各行政管理部门之间实现共享,加强停车场的使用和安全管理
		第四十七条第(三)项	公共停车场经营服务单位或者专用停车场管理单位应当遵守下列规定:(三)配置智能化停车管理系统和完备的照明、消防、监控等设备
23	《兰州市机动车停车场管理办法》	第二章 停车场规划与建设 第十六条	市公安机关交通管理部门组织建设城市区域停车诱导系统,指导停车场经营者、管理者应用现代信息技术、通信技术提高停车设施利用率。停车场经营者、管理者应当按照有关规定和标准,配建停车诱导子系统,并将其停车信息纳入本区域停车诱导系统
24	《西宁市停车场管理办法》	第十六条第(四)项	公共停车场应当向社会公众开放,并遵守下列规定:(四)配置完备的照明设备、通讯设备、计时收费设备和停车诱导等信息管理系统
		第二十四条	交通行政管理部门应当会同有关部门组织公共停车信息系统的建设,鼓励和推广应用智能化、信息化等手段管理停车场

续上表

序号	名　　称	所在章节	涉及内容
25	《西宁市公共临时停车场建设管理办法》	第十二条	市交通运输行政主管部门应当建立全市统一的公共临时停车场信息管理和发布系统。建立停车基础数据库,对停车场和停车位信息进行动态管理,并实时发布公共临时停车场分布位置、使用状况和停车位数量等停车诱导信息
26	《银川市停车场规划建设和车辆停放管理条例实施办法》	第十一条	停车场应当设置符合国家相关标准、规范的标志标线等交通安全设施,并根据需要配建监控、照明、通风、通讯、排水、消防和安全技术防范、智能化电子支付系统、电子地图及价格监管系统设施
		第十八条	市公安机关交通管理、物价管理部门应当会同有关部门建立停车费电子支付系统和全市停车信息发布及诱导系统,提高停车场利用效率
27	《大连市机动车停车场管理办法》	第十八条	建设停车场(库),应当符合本市停车场设计要求,配套建设照明、通讯、排水、排风、消防、监控、停车诱导系统和交通安全等设施,并设置或者预留供新能源汽车使用的充电等装置,具体设计要求由市城乡建设部门会同停车场主管部门、规划部门制定
		第三十九条第(五)项	停车场经营、管理者应当遵守下列规定: (五)按照停车场主管部门的规定和标准,配建智能化停车管理系统,并将其纳入本区域停车管理系统,准确提供停车位使用信息
		第五十条	市停车场主管部门负责建设全市公共停车信息系统,推广应用停车诱导、自动计时收费系统等信息化、智能化手段管理停车场
28	《青岛市机动车停车场建设和管理暂行办法》	第六条第二款	市城市管理行政主管部门是本市停车场主管部门,负责牵头制定停车场中长期发展规划、本市停车场管理的相关政策,参与停车场的验收备案;负责市级智能化停车场管理信息系统和诚信档案管理平台建设;组织实施停车场服务行业管理,制定行业标准和规范;综合协调、监督检查、评价考核各区(市)的停车场管理工作;依法查处有关违法行为
		第十八条	老城区、重点商圈、大型综合交通枢纽、城市轨道交通外围站点、医院、学校、旅游景区和行政办公区等停车需求集中的区域,开发各类停车资源,优先建设停车楼、地下停车场、机械式立体停车库等集约化的公共停车场,并按照规定比例配建电动汽车充电设施,与主体工程同步建设。结合全市智能化停车场管理信息系统建设,在重点区域优先建设智能停车引导设施

续上表

序号	名　称	所在章节	涉及内容
28	《青岛市机动车停车场建设和管理暂行办法》	第三十八条	加快推进市、区(市)、停车场经营单位三级智能化停车场管理信息系统建设,并纳入智慧青岛建设范畴。建立停车基础数据库,实时更新数据,并对外开放共享。促进咪表停车系统、智能停车诱导系统、自动车牌识别系统、停车位占用状态识别、移动终端互联网停车系统等高新技术的开发与应用。加强互联互通、信息共享,促进停车与互联网融合发展。 建设、公安等部门应配套建设相关信息系统,负责将各自部门登记备案的停车场信息实时更新,并接入市级智能化停车场管理信息系统。 各区(市)停车场管理信息系统应当接入市级停车场管理信息系统,统一进行管理;各停车场经营单位所属停车场管理信息系统,应当接入辖区停车场管理信息系统
29	《厦门市机动车停车场管理办法》	第三章　公共停车场的管理第十三条	主管部门应组织公共停车信息系统的建设,推广应用智能化、信息化手段管理停车场,并负责公共停车信息系统运行的监督管理。 公共停车场的所有者或管理者应按照有关规定和标准,将其停车信息纳入全市公共停车信息系统
30	《厦门市城市道路机动车停车管理暂行办法》	第十九条	市公安机关交通管理部门要依据道路交通安全法律法规加强对城市道路违章停车、违章设置停车位等的巡查监管,要尽快会同相关部门建立和采取全市统一停车诱导、停车电子收费系统、自动监控等智能交通化信息化系统及管理手段,及时查处违章行为和规范全市道路停车秩序,杜绝乱停车现象

二　标准与技术规范制定情况

(一)国家层面

智慧停车系统是运用物联网、云计算、大数据等技术,对采集的停车信息进行分析、处理和应用,为使用单位和公众用户提供智慧化停车服务的信息系统。当前,在智慧停车信息系统建设上,一是部分停车场设施设备陈旧老化,智能化、信息化程度不高,驾驶人停车感受差;二是数据接口不统一,存在“各自为政”和“信息孤岛”,信息传输不能互联互通;三是部分停车场(库)权属单位或经营者改造智慧停车信息系统的意识不强,上传数据动力不足。这些导致停车场服务上缺乏支撑、管理上手段不足、行业发展上动力不够,不利于智慧停车及智慧城市建设。因此,亟须统一的标准进行指导和规范。目前,由国家标准化相关机构颁布的与智慧停车相关的标准主要有以下几项。

1.《停车场(库)安全管理系统技术要求》(GA/T 761—2008)

该标准规定了停车库(场)出入口控制设备的技术要求和试验方法,是设计、制造、检验停车库(场)出入口控制设备的基本依据。该标准适用于以安全防范管理为目的,对进、出车辆进行登录、监控和管理的停车库(场)安全管理系统的出入口控制设备。

该标准由全国安全防范报警系统标准化技术委员会归口上报,主管部门为公安部。

2.《停车库(场)出入口控制设备技术要求》(GA/T 992—2012)

该标准规定了停车库(场)出入口控制设备(以下简称设备)的技术要求和试验方法,是设计、制造、检验停车库(场)出入口控制设备的基本依据。该标准适用于固定安装的停车库(场)出入口控制设备,其他类型的停车库(场)出入口控制设备参照执行。

该标准由全国安全防范报警系统标准化技术委员会归口上报,主管部门为公安部。

3.《公共停车场(库)信息联网通用技术要求》(GB/T 29745—2013)

该标准规定了停车信息联网的术语和定义、联网方式、基本要求、功能要求、性能要求及验收办法。该标准适用于与停车信息平台联网的停车场的信息采集、传输,停车信息平台的数据储存。

该标准由全国智能运输系统标准化技术委员会(SAC/TC 268)归口上报及执行,主管部门为国家标准化管理委员会。

4.《车辆出入口电动栏杆机技术要求》(GA/T 1132—2014)

该标准规定了车辆出入口电动栏杆机的技术要求和试验方法,是设计、制造、检验车辆出入口电动栏杆机的基本依据。该标准适用于以安全防范为目的、采用栏杆垂直于出入方向旋转方式工作的车辆出入口电动栏杆机,其他工作方式的出入口电动栏杆机可参照执行。

该标准由全国安全防范报警系统标准化技术委员会(SAC/TC 100)归口上报,主管部门为公安部。

5.《停车服务与管理信息系统通用技术条件》(GA/T 1302—2016)

该标准规定了停车服务与管理信息系统的一般要求、功能要求、性能指标、通信要求、安全性要求,以及测试与运维要求。该标准适用于停车服务与管理信息系统的设计、建设和测试。

该标准由公安部道路交通管理标准化技术委员会提出并归口上报,主管部门为公安部。

6.《机动车违法停车自动记录系统通用技术条件》(GA/T 1426—2017)

该标准规定了机动车违法停车自动记录系统的技术要求、检验方法、检验规则和安装运行等。该标准适用于机动车违法停车自动记录系统的生产、建设和验收。

该标准由公安部道路交通管理标准化技术委员会归口上报,主管部门为公安部。

7.《不停车收费系统　车载电子单元》(GB/T 38444—2019)

该标准规定了不停车收费系统车载电子单元的技术要求、试验方法及检测规则。该标准适用于由车辆直接供电的不停车收费系统车载电子单元。其他车载支付电子单元可参照执行。

该标准由全国汽车标准化技术委员会(TC 114)归口上报,全国汽车标准化技术委员会电子与电磁兼容分会(TC 114 SC 29)执行,主管部门为工业和信息化部。

(二)地方层面

近年来,我国各城市不断探索制定以配建停车位为主的停车有关标准与技术规范,据不完全统计,截至2020年4月底,我国36个中心城市中,除拉萨、西宁外的34个中心城市均出台了涉及停车位配建的标准和设计规范,其中天津、长春、上海、杭州、宁波、厦门、南昌、济南、青岛、长沙、西安出台了地方标准,其余各城市出台的规划建设设计规范涉及停车位配建有关内容。成都市为进一步推进"互联网+停车",实现停车信息互联互通,确保停车资源的高效利用和精细化管理,提升停车行业整体服务水平,编制了《成都市智慧停车标准体系》,并于2019年3月26日经成都市市场监督管理局,以地方标准形式正式对外公开发布实施。《成都市智慧停车标准体系》包含《成都市智慧停车信息系统建设规范》《成都市停车场(库)运营管理服务规范》《成都市共享停车服务规范》。

1.《成都市智慧停车信息系统建设规范》

(1)在总则层面,明确了智慧停车信息系统建设的术语定义、建设原则、基本架构和总体要求。

(2)在"城市级"平台建设层面,规定了停车数据的联网规范,包括明确要求各停车场(库)、停车位须具备信息采集功能,规定了数据传输内容、编码标准、数据格式,要求停车场(库)经营者适时将信息数据上传至城市级公共停车信息平台,为停车资源的共建共享和整合应用提供了数据基础。

(3)在"场库级"系统建设层面,分别对路外和路内停车场的智慧化功能进行了细化明确,要求路外停车场应完善出入口管理、停车位引导、反向寻车、充电桩管理等子系统功能;要求路内停车场应通过地磁、视频、电子标签等物联网技术实现停车信息采集、实时传输、自动计费、欠费追缴等功能。

2.《成都市停车场(库)运营管理服务规范》

(1)在管理制度方面,要求经营者要建立人员、财务、巡查等制度,要求对管理人员进行培训、购买责任保险、落实备案经营等。

(2)在停车场应具备的基本功能方面,明确要求具备电子收费、停车诱导、充电桩、安防监控等智能化设施设备,并鼓励和倡导停车场经营业开展智慧停车场建设。

(3)在服务内容方面,着重对信息明示、停车引导、收费、巡查、安防等停车服务内容和要求进行了规范。

(4)在停车安全方面,从出入口设置、防火防汛、设备维护、突发事件处理等方面进行了明确。

(5)在服务质量考评方面,探索建立了企业自评、协会考评、行业主管部门监督指导的服务质量评估体系。

3.《成都市共享停车服务规范》

(1)明确了经营条件,要求平台服务企业须具备独立法人资质、固定场所和管理人员、线上线下服务能力等基本经营条件。

(2)明确了各方服务标准和服务边界,要求平台服务企业应建立运营服务平台,开发移动访问端,为用户提供信息注册、停车位预约、超时提醒、计费标准、电子发票、停车保险等共享服务功能;要求停车场(库)经营者应协助停车场

(库)权属单位进行智慧化改造,并将共享停车信息接公共停车信息平台等;要求停车位提供方应提供真实有效的注册信息;停车位使用方应按预约时间停车、按时缴费等。

(3)明确了服务投诉和监督考核机制,要求平台服务企业须建立投诉受理机制,设立服务热线并及时处理各类投诉及纠纷,同时还要求平台服务企业主动接受第三方评估机构的服务考评和行业主管部门监督管理。

三　智慧停车平台管理主体

(一)省级层面

依据相关省份出台的停车管理办法可知,北京、天津、上海、甘肃的智慧停车平台管理主体是交通运输部门,湖南和广东由属地人民政府统筹管理智慧停车平台,重庆由市政主管部门统筹管理智慧停车平台,具体情况见表2-4。

各省(自治区、直辖市)智慧平台管理主体汇总　　表2-4

序号	省(自治区、直辖市)	系统名称	管理主体	备注
1	北京	停车综合管理服务系统	市交通行政主管部门	与公安机关交通管理、城市管理综合执法、规划国土、住房和城乡建设等部门相互共享管理信息。 市交通行政主管部门应当与从事停车信息服务的经营者建立信息共享机制。 信息服务的经营者应当将相关信息接入停车综合管理服务系统
2	天津	机动车智能停车管理系统	市交通运输行政主管部门负责全市机动车停车场、道路停车位管理工作的统筹协调、监督检查。 发展和改革、规划、建设、公安交管、市场监管、市容园林、国土房管、税务等行政管理部门按照各自职责,协同做好机动车停车场、道路停车位的管理工作	区县人民政府根据本市机动车智能停车管理系统,建设区域停车引导设施,并负责运行、维护和管理

续上表

序号	省(自治区、直辖市)	系统名称	管理主体	备注
3	上海	公共停车信息系统联网	市、区(县)交通行政主管部门	公共停车场(库)经营者和道路停车场管理者应当按照有关规定和标准,将其停车信息纳入全市公共停车信息系统。 公共停车信息系统的联网管理规定和有关标准,由市交通行政主管部门会同有关部门制定
4	湖南	公共停车信息系统	城市人民政府建设,公安机关交通管理部门管理和维护	
5	广东	省、市两级停车信息管理平台	政府主导	
6	重庆	停车信息系统	市市政主管部门统筹全市建设	区县(自治县)市政主管部门建设本行政区域内停车信息系统,统一接入全市停车信息系统。 停车场经营管理者应当按照有关规定和标准,将其停车信息纳入全市停车信息系统
7	甘肃	营运车辆动态信息公共服务平台	交通运输部门	向公安、应急管理等部门开放数据传送

(二)中心城市(除直辖市)

依据相关城市出台的停车管理办法可知,大部分城市的停车管理平台由公安机关交通管理部门管理,少部分城市由住房和城乡建设部门管理,极少城市由交通运输部门管理。具体情况见表2-5。

中心城市政策汇总　　表2-5

序号	城市	系统名称	责任主体	备注
1	太原	城市停车场和道路停车位的信息平台	城乡规划、城乡管理、住房和城乡建设、公安机关交通管理等部门	

续上表

序号	城市	系统名称	责任主体	备注
2	呼和浩特	公共停车信息系统	停车场管理部门	
3	沈阳	公共停车信息系统	市公安机关会同有关部门	
4	长春	机动车停车诱导信息系统	市市政设施主管部门会同有关部门	
5	哈尔滨	公共停车信息系统	公安机关交通管理部门	
6	南京	城市公共停车信息系统	市城市管理行政主管部门会同市交通运输、公安机关交通管理等行政主管部门	
7	杭州	公共停车场停车监管和服务诱导系统	市城市管理行政主管部门	
8	合肥	停车信息管理和服务系统	市城市管理部门会同市国有资产监督管理、公安、信息化管理等部门	
		区域停车诱导子系统	区人民政府	
9	福州	公共停车信息系统	公安机关交通管理部门应当会同有关部门	
10	南昌	公共停车场信息系统	市公安机关交通管理部门	
11	郑州	停车信息管理和服务系统	市大数据行政主管部门	
12	武汉	停车信息管理和服务系统	市公安机关交通管理部门	
		城市道路停车智能管理系统	市城市管理部门	
		机动车智能停车管理系统	城市道路停车位经营者	按照特许经营协议的约定
13	长沙	公共停车信息系统	市人民政府	由市公安机关交通管理部门会同有关部门制定联网管理规定和有关标准
14	广州	停车信息管理系统	市交通行政主管部门	交通、公安、价格、国土、规划、房屋、建设、工业和信息化、财政、工商、税务等行政管理部门通过本部门业务信息系统与停车信息管理系统实现信息共享
		智能停车引导系统	区人民政府	

续上表

序号	城市	系统名称	责任主体	备注
15	南宁	公共停车信息系统	市公安机关交通管理部门	
16	成都	公共停车信息系统	交通行政管理部门	
17	贵阳	停车信息系统	公安机关交通管理部门会同物价、税务、工商及其他有关部门	停车场实时动态信息管理系统应当接入公安机关交通管理部门的停车信息系统
18	西安	停车信息系统	市建设行政管理部门	市公安机关交通管理、城市管理等部门按照各自职责配合实施
19	兰州	城市区域停车诱导系统	市公安机关交通管理部门	
20	西宁	公共临时停车场信息管理和发布系统	市交通运输行政主管部门	
21	银川	停车费电子支付系统、全市停车信息发布及诱导系统	市公安交管、物价管理部门会同有关部门	
22	乌鲁木齐	公共停车信息系统	市城市管理委员会会同有关部门	
23	大连	公共停车信息系统	市停车场主管部门	
24	青岛	市级智能化停车场管理信息系统、诚信档案管理平台	市城市管理行政主管部门	市、区(市)、停车场经营单位三级智能化停车场管理信息系统
25	宁波	区域停车诱导系统和停车信息网	城市管理部门会同公安机关交通管理部门	
		停车诱导子系统	公共停车场的经营者	
26	深圳	停车管理信息系统	市公安交管部门	
27	厦门	公共停车信息系统	主管部门	

第三节　我国城市智慧停车管理趋势分析

“互联网+停车”打开了停车产业创新发展的新思路,促进停车产业的智慧化、信息化对于实现停车设施存量的高效共享和提高停车产业的运行效率有着至关重要的作用,体现了“智慧城市”“智慧交通”的未来导向,对推进智慧交通国家战略具有深远意义。随着科技的进步、停车位供需的矛盾日益增大，智慧停车需求仍然较为充分，根据智慧城市网数据显示，2009—2020 年，我国智能停车行业规模不断扩张，年均复合增速达到 26.75%，智慧停车行业扩张速度较快。目前，智慧停车已经在国内主要城市形成一定的规模化应用，覆盖车场范围和用户规模不断扩大，市场普及率逐步提升，行业正在进入一个高速发展期。为了贴合用户需求，方便使用，智慧停车管理发展应主要呈现出停车收费无人化、停车服务人性化、停车管理系统化的趋势。

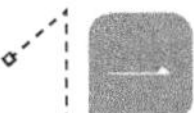

一　人工收费模式逐步由电子收费方式替代

随着移动互联网、物联网、人工智能、大数据、电子支付等新技术的广泛应用，智慧停车行业快速发展，无人值守收费停车逐渐普及。对于路内停车，驾驶人停车入位后，根据路边提示要求进行缴费，离开时可直接开走车辆。对于路外停车场，车辆进入时，入口的收费系统对车牌号进行自动识别后抬杆放行。停车场内，多通过二维码或者操作流程图等方式，提示驾驶人根据要求进行缴费。车辆出场时，系统再次识别车牌号，车辆可实现快速离场。无人值守收费的停车场，由于不需要请专人收取停车费，节约了人力成本，该收费系统还提高了收费效率，收费的记录也更准确，降低了运营成本，也顺应现在无现金、采用电子支付方式的趋势。未来随着人力资源成本的提升，停车场将向无人值守、自助缴费的方向发展。智慧停车管理系统可以代替人工收费完全实现无人值守，该系统可实现移动支付、硬纸币接收及找零等功能。

目前的无人值守收费停车场还做不到真正的无人，需要人工辅助，只能做到“无人收费，少人管理”。但随着无人值守设备和技术的日渐成熟，停车场全面无人化的趋势不会停滞。在后续运营管理中，应及时调整运营人员工作内容，使人员架构更加合理，并从升级改造智能识别系统、减少出错率，信息同步优化管理、收费与优惠信息同步传输等方面进一步提升完善系统。

二　停车服务模式实现精细化、人性化

除了停车收费无人化外，从整体需求的角度出发，智慧停车服务模式应“以

人为本”。其实,无人化也是为了令用户使用更方便、快捷,让停车从进到出整体流程更顺畅,经营服务模式更为精细化、专业化、人性化。基于便捷性和车辆人员安全考虑,智慧停车管理系统人性化主要表现出一些特征。

(1)人机的交互及互动性增强,能够在手机上实现费用查询、缴费、寻找停车位、预约停车等功能。

用户可以通过手机的操作实现所有需求,也避免了与管理人员由于费用计时方法、计算方法等问题解释不清引发的矛盾。

(2)基于停车位的精确诱导,可以实现快速通行,减少进出停车场的耗时。

借助多媒体信息发布和显示,可以直接显示停车场空余停车位的位置,从而帮助用户快速寻找到停车位,提高停车效率,也可以减少局部拥堵,提升用户停车的体验感。在用户忘记停车位置或者找不到车辆停放具体位置时,可以进行指引,避免了由于没记住自己停车位而造成的不必要的时间成本。

(3)提供特殊停车位,比如宽大车型停车位、初领驾照驾驶人停车位、充电桩停车位等多样化、个性化的消费升级服务。

截至 2021 年底,全国机动车保有量达 3.95 亿辆,其中汽车 3.02 亿辆;全国新能源汽车保有量达 784 万辆,占汽车总量的 2.60%。近年来,新注册登记新能源汽车数量从 2017 年的 65 万辆增长到 2021 年的 295 万辆,呈高速增长态势。

新能源汽车的普及对停车场服务设施也提出了相关要求。《深圳市城市规划标准与准则》对各类停车场充电设施配建比例标准进行了规定。所有新建和在建住宅停车场、大型公共建筑停车场、社会公共停车场按照停车位数量 30% 的比例配建充电设施,100% 预留充电桩安装条件。根据深圳市发展和改革委员会 2021 年 1 月数据,深圳的新能源汽车保有量已经超过 48 万辆,公共充电桩的数量超过 9 万个。

(4)利用同样空间停入更多的车,让车有位可停。采用立体停车库可以增加单位空间的停车数量,缩短用户从停车场到目的地的距离。日本在 20 世纪 60 年代初开始开发并使用机械式停车设备,日本机械式停车场结合智慧停车技术,根据地理空间特点,通过各种方式提高土地面积使用效率,并开发出多种功能,使停车场与城市环境融为一体,成为具有较强的实用性、观赏性和经济开发价值的城市建筑。结合用户停车时段与空间位置的需求,通过共享停车,设置老旧小区“潮汐停车位”，增加非高峰时段（夜间，节假日等）停车位有效供给，分时段解决车辆停放问题。

上海市积极推进创建停车资源共享利用示范项目，针对已建住宅小区、医院、学校等重点区域的“停车难”问题，推动错时利用周边公共、专用等各类停车资源。西安市公安机关交通管理部门在大唐西市等重点商业区和医院“停车难”地区探索推行商户和住户停车设施对外开放，实行错峰停车、有偿使用、错时共享。青岛市建设全市智能停车一体化平台，引导开放共享停车位近万个。

三 停车管理模式实现综合化、系统化

停车场通过联网共享数据，打破信息孤岛，建设智慧停车管理平台，实现停车诱导、停车位预定、电子自助付费、快速出入等一系列功能。通过联网，可以实现全城甚至全国的数据共享。并且，随着云技术的广泛应用，停车场通过物联网和云计算技术实现停车位预定、停车导航、在线支付、错时停车等功能，提高了停车服务质量，停车管理的系统化与停车收费的无人化、停车服务模式的人性化相辅相成。

2018 年，我国在智慧停车方面，整合了分散的资源，系统化停车平台有了更清晰的发展方向，智慧停车管理呈现出了数据整合与平台整合的趋势。2019 年 7 月，交通运输部发布了《数字交通发展规划纲要》；同年 9 月，《交通强国建设纲要》出台；2021 年 8 月，交通运输部发布了《交通运输领域新型基础设施建设行动方案（2021—2025 年）》，强调了交通数据化的重要性；2021 年 10 月，交通运输部出台了《数字交通“十四五”发展规划》，提出了“打造一体化出行服务平台”，倡导“出行即服务”理念，鼓励企业整合多方式出行信息资源，为旅客提供全链条、多方式、一站式出行服务，推动旅客联程运输发展和全程服务数字化。

智慧城市的建设也需要系统化、一体化的智慧停车管理平台。《国务院办公厅转发国家发展和改革委员会等部门关于推动城市停车设施发展意见的通知》（国办函〔2021〕46 号）提出了以下主要目标：“到 2025 年，全国大中小城市基本建成配建停车设施为主、路外公共停车设施为辅、路内停车为补充的城市停车系统，社会资本广泛参与，信息技术与停车产业深度融合，停车资源高效利用，城市停车规范有序，依法治理、社会共治局面基本形成，居住社区、医院、学校、交通枢纽等重点区域停车需求基本得到满足。到2035年，布局合理、供给充足、智能高效、便捷可及的城市停车系统全面建成，为现代城市发展提供有力支撑。”现阶段，交通行业正处于智慧升级的关键时期，而智慧停车作为智能交通中不可或缺的基础设施，未来也将在政策的大力扶持下迎来高速发展，智慧停车管理的系统化已经是必然。

第三章
CHAPTER 3

国内外城市智慧停车管理经验

智慧停车广泛应用于城市的住宅、商业综合体、写字楼、机场、火车站、体育场馆、景点、游乐场、会展中心、企业、政府机关、医院、学校等领域。各种停车场所的应用领域及规模存在差异,其对智慧停车管理系统的需求也存在差异。如小型的住宅区,停车场规模较小,车流量较小,对智慧停车管理系统的需求主要集中在业主进出场、临时停车收费及防盗等传统功能方面;机场、会展中心及医院停车场规模大,车流量大,对车辆快速通过出入口、场内快速引导停车及车主寻车指引等方面管理及控制的要求更高;而大型购物中心及城市综合体为提升车主体验,提出了更多智能化要求。

近年来,国内外许多城市探索建立了综合性智慧停车管理平台,将停车管理、停车运营、停车收费等系统整合到一个平台中,政府部门进行统一维护和管理。同时,许多城市建立了针对车主的停车管理系统,为车主提供便捷的停车服务。

第一节　综合性智慧停车平台建设

一　上海市

(一)建设背景

随着小客车保有量增长迅速,上海市奉贤区"停车难"问题日益凸显:一是公共停车位总体较少,且分布不均,服务范围有限,老城区停车难问题突出;二是停车数据无法共享,停车场数据不联网、不互通,数据无法整合共享,每个停车场都是"信息孤岛",市民无法快速地实时获取剩余停车位信息。

2017 年 4 月,上海市奉贤区依据《"十三五"国家信息化规划》的信息化建设要求,在《上海市推进智慧城市建设"十三五"规划》框架下,制定了《奉贤区推进智慧城市建设三年行动纲要(2017—2019)》,围绕智慧城市总体目标,实施"六大行动、22 个重点专项"。其中,在"行动一:着眼于城市宜居,营造普惠化的智慧生活"中包含"智慧交通"专项,提出建设智慧停车信息平台,采集实时停车位信息,发布停车诱导动态信息,利用信息化手段统筹停车资源,提高停车位流转率,缓解停车矛盾。

在此背景下，上海市奉贤区提出了智慧停车建设项目，构建城市级智慧停车系统，建设系统型的静态交通信息化平台，通过信息化手段的实施，加强停车信息的服务与引导，促进奉贤区停车供需的动态调控与及时对接，提高停车效率与停车位利用率，实现静态交通与动态交通的和谐发展。2020 年 8 月，《上海市奉贤区推进智慧城市建设三年行动计划(2020—2022)》正式印发，提出深入拓展"智慧交通"。进一步推进"智慧停车系统"建设，扩展停车位覆盖范围；探索智慧停车联动机制，做到城市治理与惠民便民有机融合。

(二)系统建设情况

上海市奉贤区智慧停车系统项目整体分 4 个层次，框架如图 3-1 所示。一是信息采集层。信息采集层又称感知层，主要对占道停车及停车场的信息进行采集。在该层中，使用收费员 App、停车人 App、地磁设备、视频监控等对占道停车信息进行采集，使用高清车牌识别相机、场库收费系统、场内停车位引导等对封闭式停车场的信息进行采集。二是网络层及存储层。网络层及存储层主要是对信息的传输与存储。采用窄带物联网(NB-IoT)传输技术进行数据传输，采用云存储方式进行数据存储，保证数据的实时更新及数据存储的安全性、完整性。三是平台层。平台层所提供的服务是在云计算环境中开发、测试、运行和管理应用所需要的基本功能。平台层以平台软件和服务为核心，用户通过相应的编程模型和应用程序编程接口(API)来建立应用和发布。通过云平台可将存储信息进行整合发布到应用层。四是应用层。应用层也称为应用实体，主要包括：交通诱导管理平台、公安交管联动、大数据增值应用等。

上海市奉贤区智慧停车系统能够综合路内停车、停车场(库)停车和停车诱导等系统，满足各场景停车业务管理与服务需求，提供区内停车大数据应用与决策支持。平台前端可利用 NB-IoT 传输技术、视频信息采集、手机移动端等进行实时信息的采集、传输、存储。

上海市奉贤区智慧停车系统功能模块如图 3-2 所示，按子系统划分，系统主要包括：智能停车服务与管理系统、停车诱导系统、道路停车管理与收费系统和场库收费系统等。按服务功能考虑，具体包括：停车资源管理、驾驶人停车微信服务、停车巡管移动管理、停车运营监控管理、财务管理、停车设备设施管理、停车大数据分析与决策支持、系统管理与支撑系统、接口系统等。

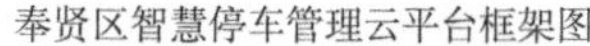

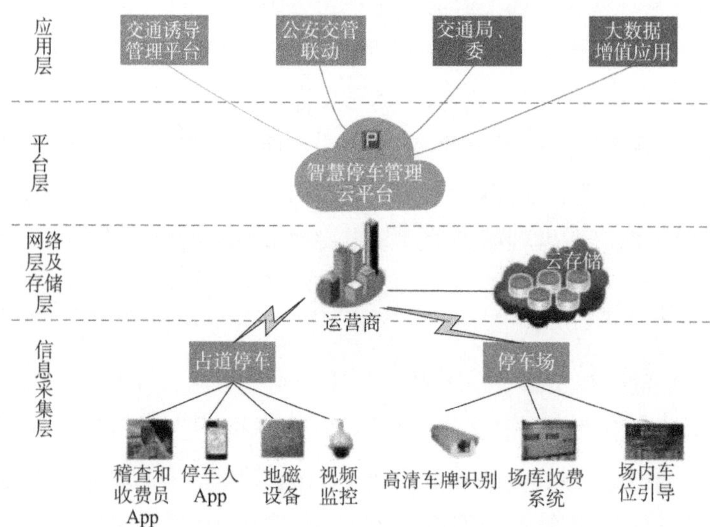

图 3-1　上海市奉贤区城市级智慧停车项目总体架构

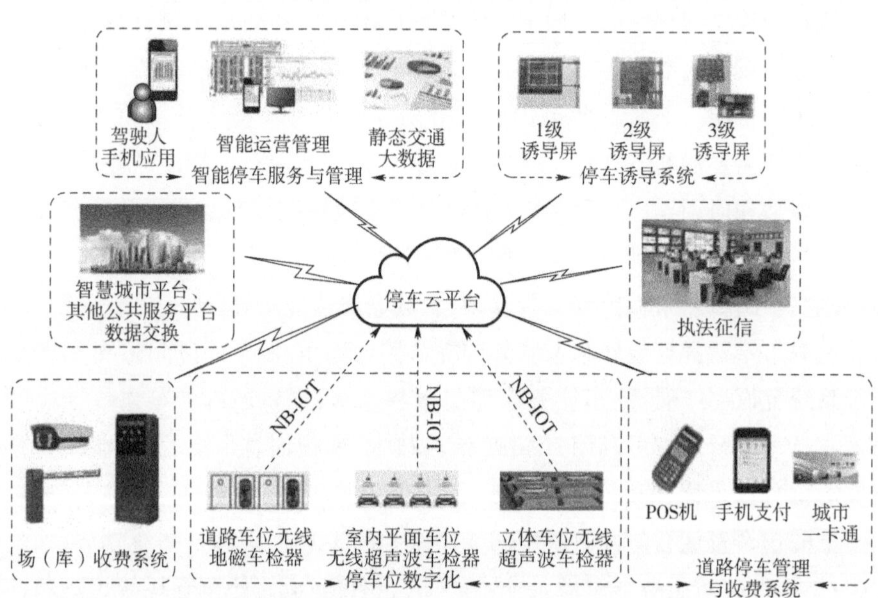

图 3-2　上海市奉贤区智慧停车系统功能模块示意图

1. 停车资源管理功能

实现全区道路停车和停车场(库)停车资源的可视化管理;实现全区停车资

源动态信息管理；按照城市、城区、道路、停车位等级别关系实现基础数据的管理功能；停车场权属单位、位置、基础信息的资源管理；按照组织机构实现停车管理人员的管理；管理设备的信息化管理等。

2. 驾驶人停车微信服务功能

实现微信用户的注册、登录，车牌号码绑定、解绑；实时停车位信息远程查询、行车导航功能；用户可以自助停车缴费和补缴，移动支付；可以进行历史订单、信息查询；通过微信查询共享停车位的分布、收费费率、占用状况；通过微信服务进行共享停车位的网上预约、下单和缴费；通过微信服务对停车服务提出意见与投诉等。

3. 停车稽查员移动端管理功能

对停车路段经营收费费率进行查询；对当前位置路段的收费情况进行查询；稽查人员签到、签退管理；管理停车管理人员；现场处置停车纠纷和投诉等。

4. 停车管理员移动端管理功能

管理人员的签到、签退管理；车辆到达和车辆离开等消息通知给管理员，实现对资源占用的可视化管理；协助停车人下单停车，规范和维护停车秩序；管理异常停车状况，及时补充异常状况的原因；违章停车协查管理；对于没有缴费或者黑名单里面的停车人进行重点关注，追缴停车费管理等。

5. 停车运营监控管理功能

实现停车定价动态管理、计费规则管理；管理部门可以实现对计价参数、节假日、收费规则的灵活设置；对停车业务规则、业务流程进行管理；实现订单管理，能够从多个维度对正常订单、异常订单等进行管理，例如可以按照是否缴费、缴费方式、道路还是停车场（库）类型进行管理；实现月卡管理，如可以根据需要动态定义月卡类型，能够开通和关闭月卡的使用，对月卡到期的预期提醒；停车白黑名单管理；通过系统对停车运营人员进行停车位监控调度和指挥等；系统自动将欠费人员、欠费情况推送到停车人移动端等。

6. 停车财务管理功能

收费资金管理，如收费渠道、应收实收、明细、汇总等；清分结算，包括现金、微信、支付宝、公交卡及银联卡等多种支付方式的对账、清分和结算等。

7. 停车设备设施管理功能

能够对停车位检测器、PDA 停车设备设施进行基础信息管理，例如设备编号、所属辖区运营管理负责人、启用日期、生产厂家等;实现对设备设施在线运行实时监控;设备设施远程故障定位、修复、维护报警;设备设施巡检、维护记录管理等;对运维工单进行管理,设备维护功能是道路停车管理系统中对现场设备施工安装与维护的管理,主要包含设备安装、设备维护、设备监控、巡检终端管理等。

8. 大数据分析与决策支持模块

该模块能够根据前端采集的实时数据进行大数据分析,形成停车动态、停车资源空置与利用、车主用车行为、车主消费习惯等多维度运营分析报表;提供基于实时数据统计分析的多维度精准停车运营分析报表。例如停车收费方面——收入的明细、多维度分析,以及趋势与预测分析;停车规划方面——停车规划等决策支持分析报告等。

9. 停车诱导管理功能

停车诱导可视化管理,远程监控信息管理,诱导屏与手机端实时信息发布管理等。平台具有足够的开放性和延展性,可与第三方平台便捷地进行数据对接交互,未来还将实现包括停车共享、新能源充电桩接入等新应用功能。

(三)实施效果

上海市奉贤区智慧停车系统立足于民生保障、经济发展、政府管理与服务以及运营企业管理的实际需求,实现城市管理部门、停车场运营企业及市民使用者三方共赢。据媒体报道,该系统自 2018 年 6 月投入使用以来取得了良好的效果,奉贤区道路停车位周转率提高,驾驶人找停车位方便快捷,道路停车利用率显著上升,路面交通畅通了很多,大大缓解了老城区内的停车难问题。据智慧停车系统监控中心数据统计,截至 2018 年 7 月,智慧停车微信公众号关注人数已达到 7000 多人,在试点路段通过微信公众号缴费的比例将近 70%,市民对智慧停车的接受程度日渐提高。

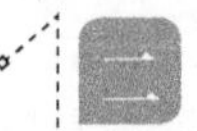

二 深圳市

(一)建设基础

深圳在推进城市级智慧停车建设工作中,起步较早,深圳市交通运输局(原深圳市交通运输委员会)主导的宜停车路边停车管理系统是全国最早实现自主缴费和全面电子收费的 App,覆盖了 3.5 万个路边停车位,有效的用户数已经占到全深圳市车主数量的 70%,为日后开展城市级工作奠定了非常好的基础。从 2016 年以来,深圳市公安局交通警察局(简称深圳市交警局)开展停车场联网监管系统工作,推进全市经营性停车场系统的信息互联和实时数据报送。在推动公众信息服务方面,深圳市交警局联合一些企业开展停车信息服务工作,目前也取得良好的效果。深圳市交通运输局“宜停车”收费管理系统如图 3-3 所示。

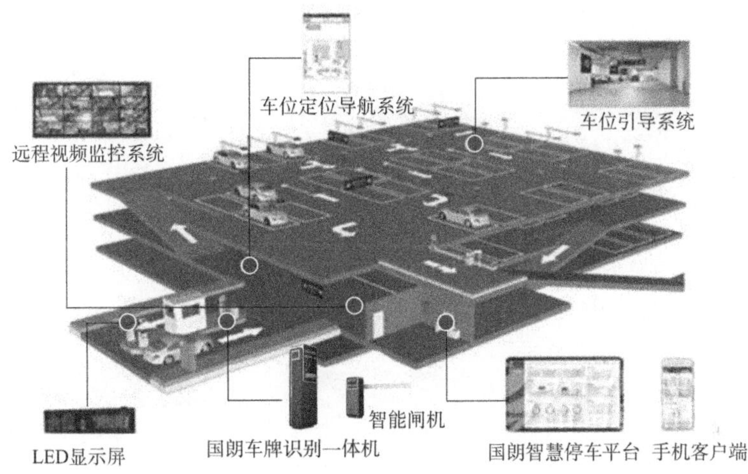

图 3-3　深圳市交通运输局“宜停车”收费管理系统

深圳市在互联网停车方面的活跃度比较高,互联网停车平台有 10 家左右,比较知名的有蜜蜂停车、小猫停车等公司。根据初步调查统计,深圳市在互联网停车平台市场份额上排名前 5 的停车 App 能覆盖 80% 的经营性停车场。因此,路外停车数据为打造城市级智慧停车平台提供了良好基础。深圳市部分互联网停车平台统计见表 3-1。

深圳市部分互联网停车平台　　表 3-1

分　类	停　车　App	开发团队
纯互联网公司	蜜蜂停车 App	深圳市前海亿车有限公司
	小猫停车 App	深圳市小猫信息技术有限公司
	PP 停车 App	深圳市神州路路通网络科技有限公司
	停车百事通 App	深圳市前海硕极科技有限公司

续上表

分　类	停　车　App	开发团队
设备制造商	慧停车 App	深圳市方格尔科技有限公司
	爱泊客 App	深圳市富士智能系统有限公司
	捷停车 App	深圳市捷顺科技实业股份有限公司
	停车大圣 App	深圳市易停车库科技有限公司

数据来源:深圳市停车产业化发展报告(2017)。

深圳市的停车产业链条比较完整,各环节企业发展快,创新能力强,从上游规划建设、中游设备安装到下游运营管理等各环节都有非常强大的企业支持,为平台的建设打造了良好的产业链基础。深圳停车产业链框架如图 3-4 所示。

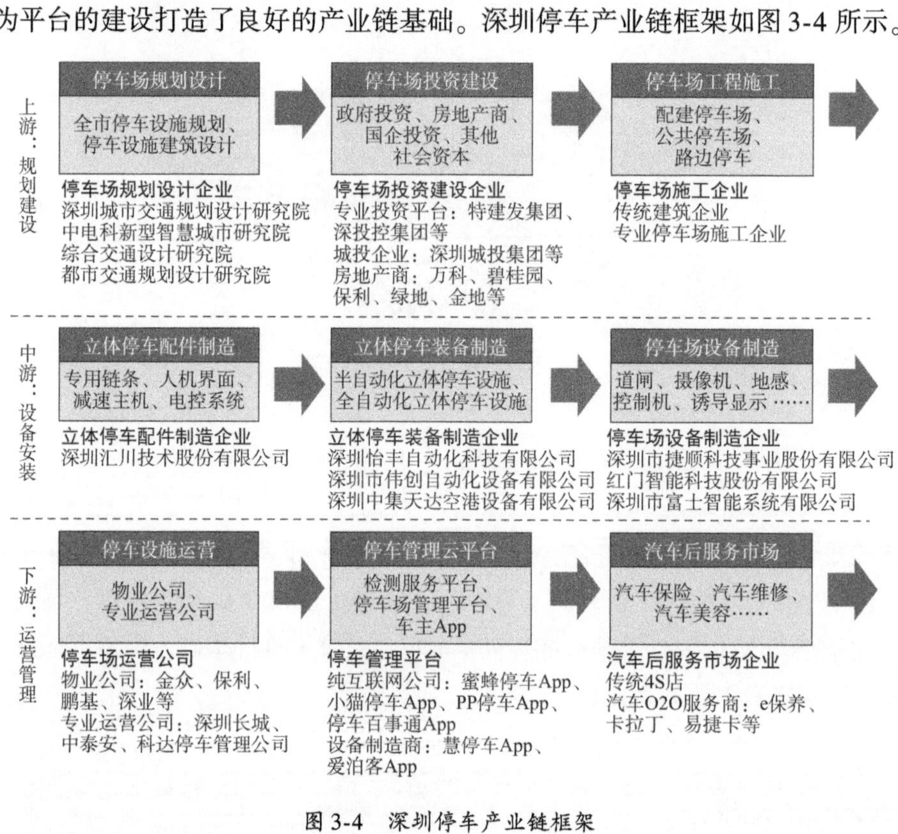

图 3-4　深圳停车产业链框架

数据来源:深圳市停车产业化发展报告(2017)。

深圳市也具有良好的智慧停车政策支持基础。深圳是国家第一批推进城市停车场试点示范城市,两个重点试点方向之一是智慧停车,即建设停车信息平台。2017 年 9 月,深圳市发展和改革委员会发布了《深圳市加强停车设施建设工作实施意见》;2018 年 1 月,《深圳市新型智慧停车建设 2018 年实施方案》里要求构建全市停车一张图,并普及全市智慧停车;2018 年 6 月,发布了《深圳市停车设施建设专项规划(2018—2020 年)》,提出了"推进停车场智慧化标准化改造,建立统一的数据标准和交换机制,逐步实现全市停车系统互联互通。"

(二)系统建设情况

为解决引导停车问题,提高停车场使用效率。深圳市通过搭建全市智慧停车平台,有效提高停车资源利用率,通过停车数据采集处理,为市民出行停车、深圳交通规划和交通执法提供信息支持。通过提升停车体验,推动停车产业化发展。智慧停车云平台整体有四方面任务:①智慧停车云平台(一期)建设项目;②相关标准的建设;③配套三个停车场作业化改造;④建设云平台管理中心。

2019 年 3 月,深圳市智慧停车云平台系统正式启动建设,同年 7 月一期上线试运行,具体汇聚了路内停车路段、封闭式停车场、立体停车库等各种类型停车资源的信息。

智慧服务平台包括大屏展示系统、手机 App、管理后台、网站。截至 2019 年 11 月底,系统可展示深圳市 11224 个停车场的静态数据,并有 4621 个停车场和 476 个路内停车路段的动态数据。通过和社会市场主体的共享合作,得到了 800 个以上停车场的调转支付,每天数据总量超过 800 万条。智慧停车云平台系统不仅能够为政府对存量停车资源的调配提供及时有效的数据支持,还能够通过手机 App、微信公众号及小程序等工具,向市民提供停车位查询、智能推荐、一键导航、停车位预警、跳转支付等基础性、公益性的停车服务。在手机 App 中,其主要功能包括目的地的检索、智能推荐停车场、导航,可以通过 App 实现支付互通。管理后台为有关的政府部门提供专项的服务,以及一部分对外服务。

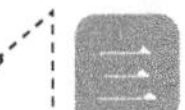

三　青岛市

(一)建设目标

青岛市建设"互联网 + "智能停车系统,整合动、静态交通,路内、外停车等各类资源，将现有资源使用效率发挥到最大化，为公众和政府提供优质的停车、管理服务，从而缓解城市停车难和交通拥堵现状，改善公众出行和交通环境。青岛市智能一体化平台架构如图 3-5 所示。

图 3-5　青岛市智能一体化平台架构

（二）系统建设情况

1. 整体功能架构和系统架构

青岛市打造"一个监控中心、一个数据中心、八大子系统"的智慧停车解决方案，实现城市级路内外停车场资源整合，全面提升停车场建设、运营监管、决策分析和公众服务的水平。青岛市智慧停车解决方案系统架构如图 3-6 所示，青岛市智慧停车解决方案功能架构如图 3-7 所示。

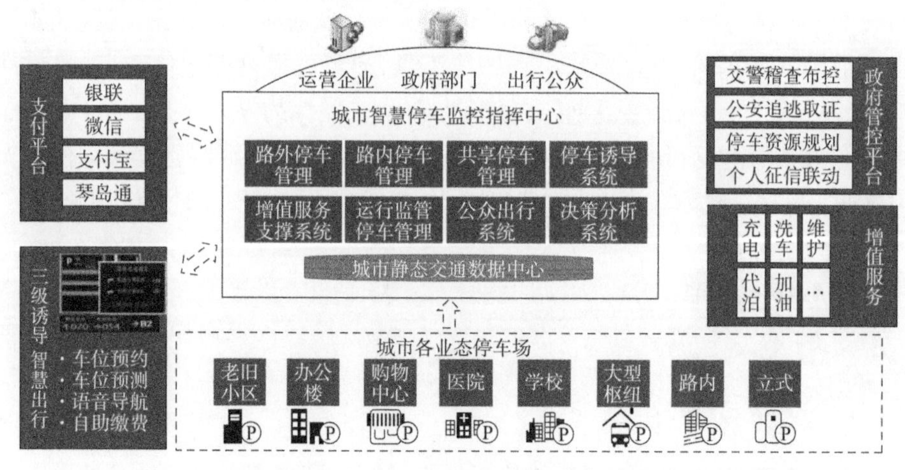

图 3-6　青岛市智慧停车解决方案系统架构

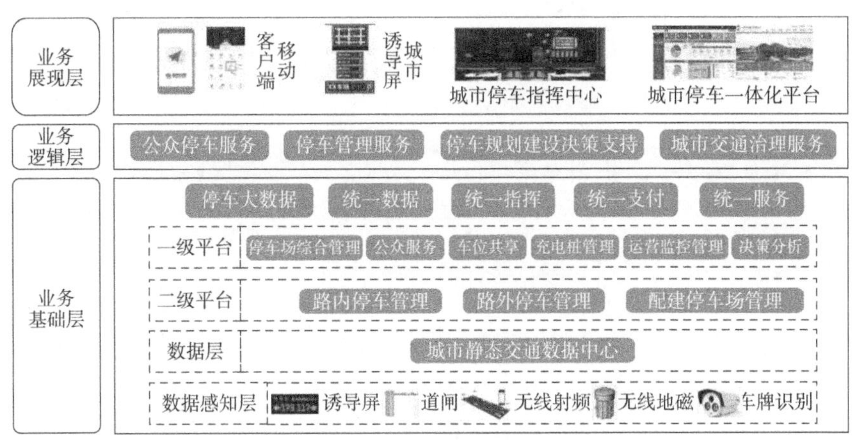

图 3-7　青岛市智慧停车解决方案功能架构

2. 路内外停车系统

路内外停车系统通过停车位检测技术，将车辆进出场时间、停车位空闲状态等数据实时采集至后台中心，统一存储、处理，实现路内临时占道停车智能管理。所有使用设备经过严格的考察、测试、竞标，确保选用设备的先进性和稳定性。青岛市路内停车系统示意图如图 3-8 所示。

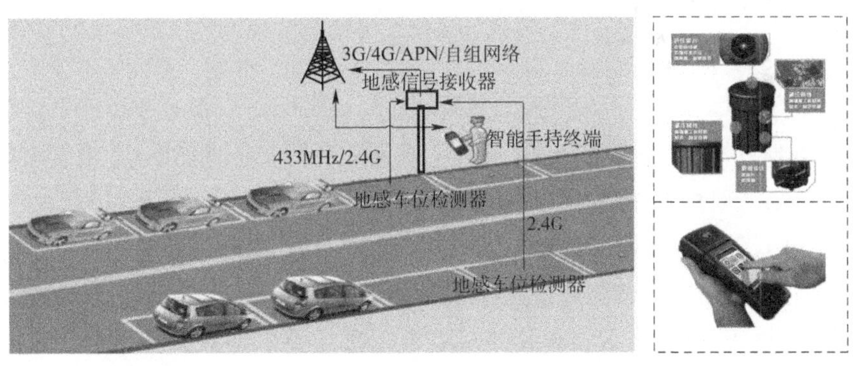

图 3-8　青岛市路内停车系统示意图

系统依托多级诱导屏及 App 实现路外停车场信息实时发布，为公众提供停车场推荐、停车位预约、最优停车位推荐、停车导航、反向寻车等个性化的服务。出行全过程系统示意图如图 3-9 所示。

3. 公众服务

(1) 停车诱导：三级道路停车诱导屏，实时发布周边停车场空余停车位。

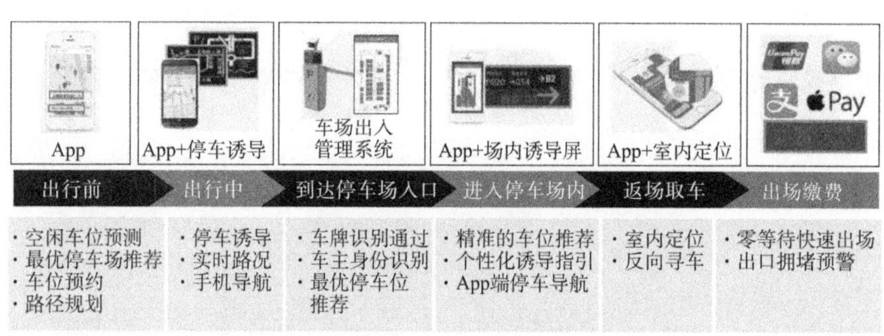

图 3-9　出行全过程系统示意图

(2)停车指数:停车区域指数、关注停车场指数、目标停车场指数等,通过手机、互联网渠道实时掌握停车困难程度。

(3)信息查询:查询车场状态、空余停车位、停车位费率、停车位预定、空余停车位预测,随时了解停车场余位和收费规则等信息。

(4)服务热线:通过热线电话,可随时解决车主的各种问题。

4. 实现停车位共享、错峰停车

现状情况下,工作日白天,小区 80% 左右停车位空闲;工作日夜间,写字楼 90% 以上停车位闲置。提供停车位共享服务平台,盘活不同业态的闲时停车位资源,为车主提供便捷的停车服务信息,实现停车资源的最大化共享,减少修建公共停车场的投资。

该服务以商场、写字楼等进行试点,逐步向小区推广;根据业态停车位空闲时段、管理方式进行针对性设计,避免对正常时段停车造成影响;并根据用户管理方式、出入口控制规则、超时定价策略进行针对性实施落地。

5. 实现停车 + 充电一体化

通过对接充电运营服务平台,实现停车、充电服务的无缝衔接,解决电动汽车车主充电难的困扰,促进电动汽车行业发展。充电运营服务平台流程图如图 3-10 所示。

(三)实施效果

1. 开展试点项目

作为青岛市智能停车一体化平台试点项目,华通集团于 2016 年 6 月与李沧区政府达成合作意向,已于 2016 年底完成项目建设。建设内容包括:监控中心;31 处诱导屏;停车位检测、信息采集及 PDA 智能结算系统;接入 10 个商场停车信息,271 个路内停车位。三级停车诱导屏如图 3-11 所示。

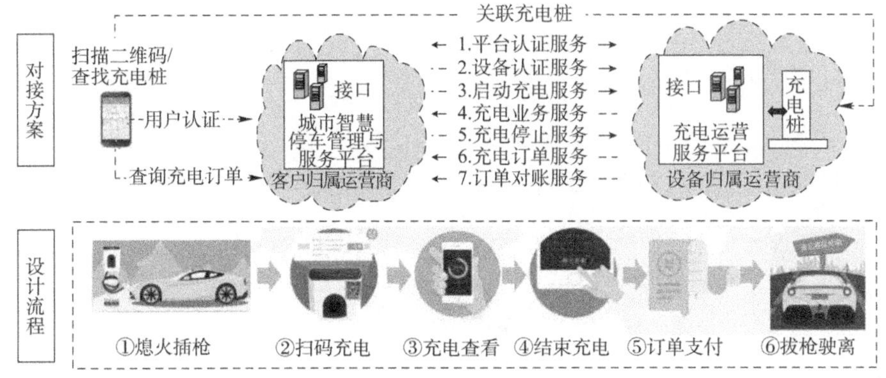

图 3-10　充电运营服务平台流程图

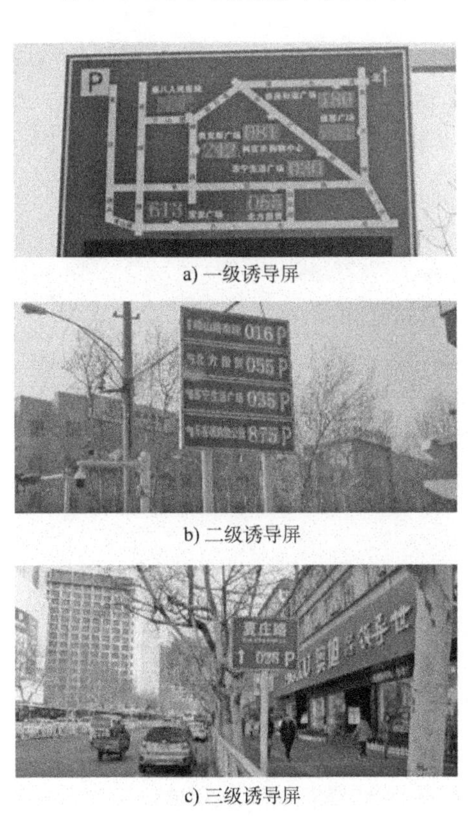

a) 一级诱导屏

b) 二级诱导屏

c) 三级诱导屏

图 3-11　三级停车诱导屏

2. 进展情况

2017 年 11 月 7 日，管理系统和“宜行青岛”App 上线，与特来电公司的充电桩平台实现集成，同时接入共享停车场。

3. 系统亮点

（1）实现银行卡无感支付：支持“宜行青岛”App 预充值实现的无感支付；通过绑定建行、工行信用卡可支持建行、工行的无感支付；支持无感支付的车辆进场后即能收到 App、微信等多种方式推送的无感支付可用通知；离场后支持 App、微信、短信等多种支付通知。无感支付流程如图 3-12 所示。

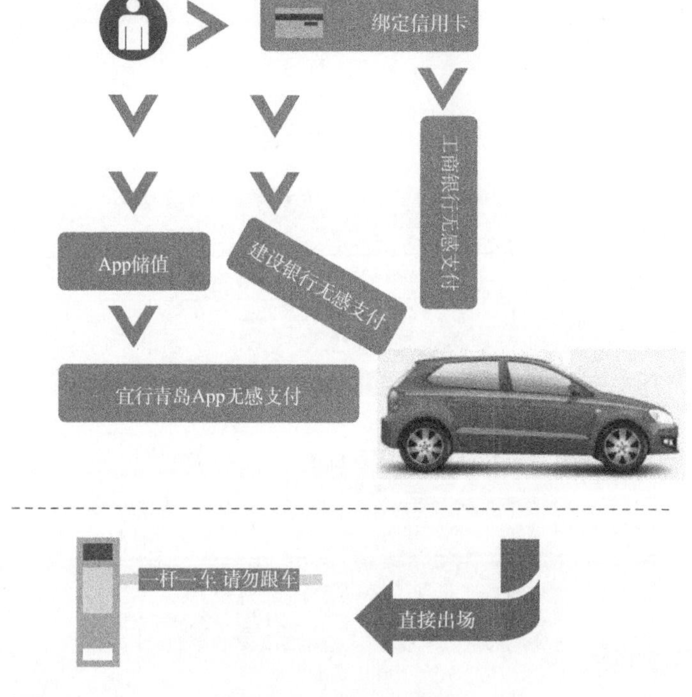

图 3-12　无感支付流程图

（2）大型商超解决方案：通过对大型商超停车场的智能化改造，为其带来小程序/公众号提前缴费、付款码被扫缴费、微信/支付宝/银联聚合码主扫缴费、无感支付等多种支付方式。通过对接商场会员积分系统，实现不同会员级别不同收费规则，实现会员积分抵扣停车费。为大型商场的公众号/小程序提供停车相关功能接口，可实现车场余位显示、停车位预定、停车费用查询、停车费用缴费、电子停车券、反向寻车等功能。大型商超停车流程如图 3-13 所示。

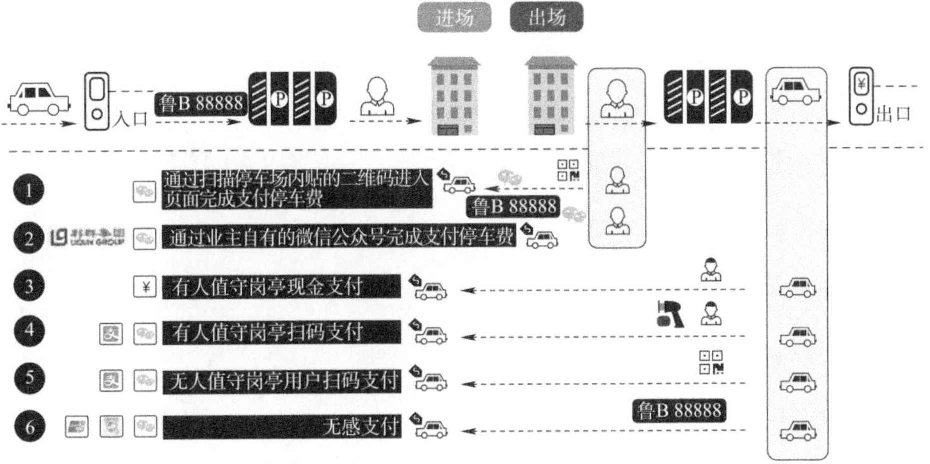

图 3-13　大型商超停车流程图

四　天津市

2015 年 4 月，天津市政府通过《天津市机动车停车管理办法》并研究了道路停车位管理工作，明确天津市将按照“管办分开、人钱分离、统筹规划、高效监管、安全便民”的原则，推进机动车道路停车位管理体制改革，努力实现“监管属地化、经营一体化、停车位版图化、管理智能化、信息公开化、机制长效化”。同时，将建设全天津市智能停车管理系统，向社会公示道路“停车地图”、收费区域、收费标准、政府收益、资金用途等相关信息，广泛接受群众监督，达到交通安全畅通、管理规范透明、服务优质高效、人民群众满意的目标。

2015 年 7 月，天津市组建了专门的停车管理服务公司，主要负责对天津市停车进行规划，经参加各区人民政府组织的招标取得道路停车位经营权，从而进行经营服务和智能化管理工作。企业设 13 个职能部室，各区县设立 7 个运营分公司，按照行政区域划分管理天津市 11 个区县的 42810 个道路停车位。该企业引入成熟的物联网、互联网技术，投资 1.54 亿元，建立了“天津智慧停车管理云平台”。自该企业组建以来，用了半年时间，完成了智能停车系统的调研论证、基本建设和上线运行三大任务。从 2016 年 3 月开始，实现了与各区停车管理部门数据端口的连接，正式服务于天津市的路内停车经营管理工作。

(一)系统建设内容

智能化建设方案主要由三大功能组成:①三级管理平台;②一套后台支持系统;③三种停车费用支付路径。智能化建设方案如图3-14所示。

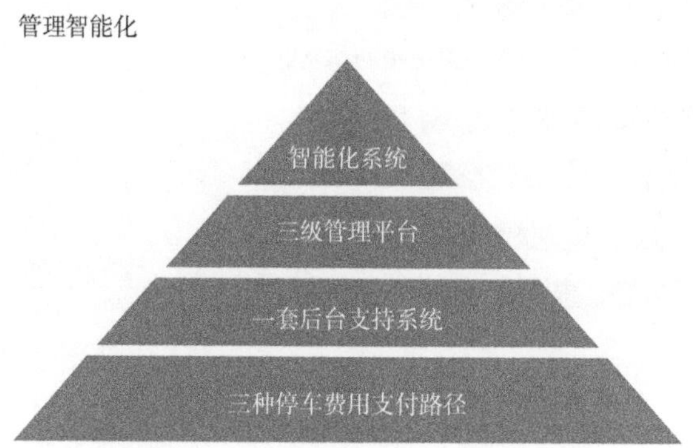

图3-14 智能化建设方案

1. 三级管理平台

一级指挥平台设在公司的总部;二级监管平台设在各区的分公司,负责区域职能化的停车位管理;三级管理平台是公司巡检员的手持终端设备,负责接受上级的指令,做好停车位实时监控。三级管理平台架构如图3-15所示。

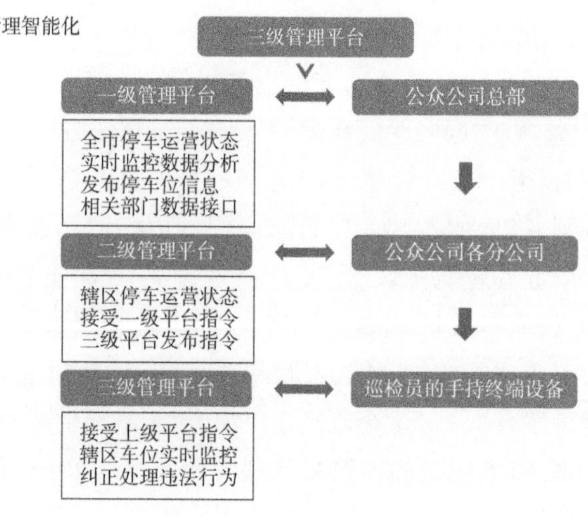

图3-15 三级管理平台架构

2. 三种付费的模型

截至 2017 年 11 月,天津市实现了以手机 App 为主,还有员工卡代缴费,以及公众公司发行的“停车宝”等停车付费模式。

(1)手机 App 支付方式:当车辆驶入停车位后,车主可点开 App 输入停车位线外侧的停车位编号,地磁感应器会自动感应到有车辆驶入并开始自动计费,当车辆离开时,地磁钉感应到车辆驶离停车位,则自动停止计费,车主可再次点开“公众停车宝”手机 App 客户端补缴停车费,从而实现全程自助停车。

(2)停车卡支付方式:市民持本人有效身份证可以到天津市 49 个公交网点购买“停车宝”,“停车宝”为实名制,一张身份证只能购买一张。同时,印制“City Union”标识的城市公交互通卡、工会会员服务卡也可用于停车付费。车主驶入停车位后,地磁感应器可以自动识别有车辆驶入,停车位管理员利用手持 POS 机对车辆牌照进行拍照并与相对应的停车位进行登记,当车主结束停车时可使用“停车宝”在停车位管理员的智能收费 POS 机上刷卡缴费。

(3)员工卡代缴方式:如果市民没有下载“公众停车宝”手机 App 客户端,也没有购买“停车宝”,停车位管理员将利用员工卡进行代缴费,当车主结束停车后,按照收费标准向停车位管理员支付相应的现金,再由停车位管理员代刷员工卡来缴纳相应的停车费,从而实现“人钱分离”的目的。

(二)系统特点

(1)服务区域广,该系统具有 5 万个停车位的处理能力,实现了天津市内六区、环城四区和滨海新区的全覆盖。

(2)付费路径多,开发和实现了手机 App 收费、公众停车宝 IC 卡缴费和停车位管理员代刷卡等付费方式。

(3)系统运行稳,整套系统运行稳定,数据连接真实准确。

(三)系统应用

1. 各区县推广应用智能停车系统

2016 年 3 月 10 日,智能停车系统开始在天津市和平区规范运行,并逐步在全市完成推广应用,在天津市停车改革领导小组的支持下,与各区停车管理部门建立了协调联动机制,在属地化管理的基础上,密切配合解决在推进智能停车运行中出现的问题。各区接通智能停车系统的后台端口，其停车管理部门可直接通过端口掌握、监控、监管智能化推广工作。

2. 利用三级智能平台对停车场进行考核

对停车场实行“三率”考核制度，即对停车场的签到率、登记率、缴费率进行考核，用智能技术手段杜绝议价、逃费行为，封堵经营管理漏洞，将考核不达标的停车场作为重点稽查、核查目标。

3. 进行相关数据整合和分析

系统通过对停车次数分布、停车位平均利用率、每一个停车场停车位利用率及缴费停车时长等数据进行整合分析，有利于管理部门摸清城市停车情况，为今后的城市停车管理提供技术支持。

第二节　面向用户的智慧停车平台建设

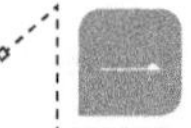

一　美国旧金山

（一）试验区智慧停车系统

美国旧金山作为加利福尼亚州（以下简称加州）第四大城市，有着先进的智慧停车系统，具有较多借鉴意义。2011 年，旧金山建立了 SFPark 智慧停车系统。该系统由新型路侧计费系统、路侧传感系统、需求反馈的定价系统，以及停车诱导系统等子系统组成，目前已在城市多个区域开展试验，系统用户不仅面向私家车主，骑行者、步行者、游客等均可使用。布设在路侧的新型计费系统与旧金山停车数据管理中心线上连接，实时将停车状态反馈到中心。同时计费系统受中心价格调整控制，实行需求反馈的定价机制，根据街区停车饱和度调整停车费率。系统在试验区布设了 8200 个无线传感器，对路内停车状态进行实时监控，停车数据的实时收集不再需要人为控制。所有试验地区的路内停车收费价格、管理信息以及路外停车的位置信息和收费价格都能够实时呈现在网站和 App 上。

通过试验区与控制区的对比，发现智慧停车系统实施后，停车位占有率、寻找停车位用时和平均出行距离均有明显改进。

(1)停车位占用率明显提高。实施智慧停车系统后,试验区停车位占用率相比实施前提高约10%,优秀试验区停车位占用率提高了近100%,从而大大提高了停车场使用效率。

(2)寻找停车位用时大幅缩短。驾驶人借助App的实时停车位数据,平均寻找停车位时间缩短了43%,平均耗时仅6min,比之前缩短了近5min。

(3)平均出行距离明显缩短。根据数据分析,小汽车的每日平均出行距离也从8.1mi[1]减少至5.7mi。

(4)地区效益有所增长。驾驶人在寻找停车位过程中节约了时间,便有更多的时间在本地区游览、消费。旧金山智慧停车系统实施后,本地区的商业税收,尤其是试验区的商业税收有了明显的提高。

(二)红木城停车诱导系统

2021年,美国加州旧金山的红木城在其市中心区域开始推行一种名为Cleverciti Systems的新型停车引导系统,系统通过在路侧灯杆顶部安装传感器,可识别范围内的空余停车位,识别范围包括400个路侧停车位和部分地面、地下停车场。同时,还可以在主干道安装诱导屏,并向过往车辆提供停车场空余停车位数量。停车管理系统示意如图3-16所示。

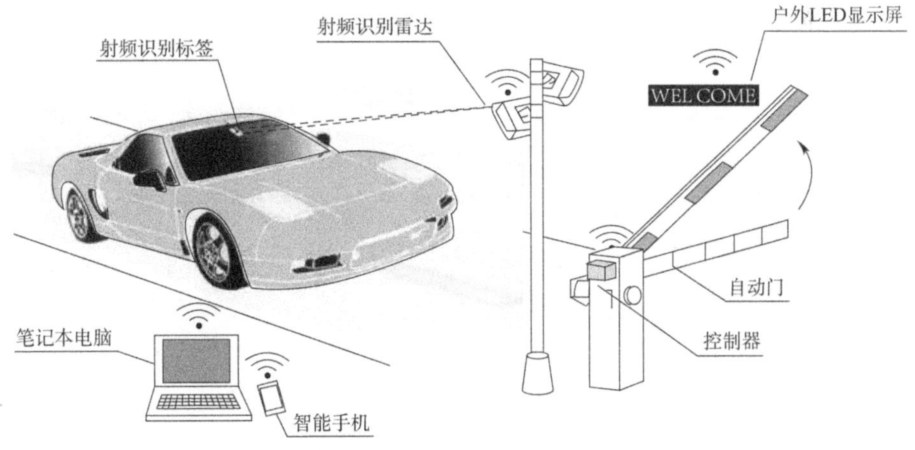

图3-16　停车管理系统示意图

[1] 1mi=1.61km。

二 澳大利亚

（一）建设背景

在2016年的“未来城市峰会”上，澳大利亚社会服务部副部长安格斯·泰勒表示，澳大利亚将耗资5000万澳元（约合4000万美元）启动“智慧城市及郊区项目”，旨在鼓励采用创新技术解决城市发展问题，鼓励地方政府加强与技术企业的合作，让城市和郊区更有活力，可持续性更强，生产效率更高。项目为期3年，由工业、创新、科研与高等教育部代表总理内阁部负责执行，其法律依据为《联邦津贴规则和指导方针》。此前，澳大利亚联邦政府曾承诺协助地方政府和社区应用智慧技术及利用公共数据，而该项目正是联邦政府为兑现其承诺采取的举措。

在澳大利亚，每天成千上万的中央海岸居民会去悉尼或纽卡斯尔上班，他们往往先把车停在中央海岸火车站附近，然后再去乘坐火车。因此，对当地居民而言，在戈斯福德和其他中心地带找停车位是一大问题。澳大利亚政府推出“智能停车倡议”旨在解决停车难这个长期问题，该倡议是第一批“智慧城市和郊区项目”的49个项目之一，得到各方超过25万澳元的资助。

（二）系统建设情况

“智慧城市及郊区项目”支持能够解决当地问题的智能方案，最终的目的是将好想法传播到其他城市、郊区和地区，让这些地方变得更宜居。其中，充足的可用停车位是激活城镇中心的关键。澳大利亚中央海岸地区的两个中心地带Terrigal（特里格尔）中央商务区（CBD）和Gosford（戈斯福德）CBD分别安装上250个和200个停车传感器，创新性的停车传感器将大大减少寻找停车位的难度和时间。通过App，驾驶人将可以实时查看可用的停车位，居民和游客也更容易找到停车位，大大缓解了地区的交通拥堵问题。类似的传感器在The Entrance（悉尼附近的海边小镇）也运转良好。该倡议也将让来Gosford和Terrigal旅游的人受益，游客也可以通过App获取有关可用停车位的实时信息。

(三)实施效果

根据中投产业研究院的调研,30%的拥堵问题是由寻找免费停车位的人引起的,“智能停车倡议”解决了中央海岸商业中心的交通拥堵问题,将让当地受益。除了减少拥堵外,该倡议还将有助于减少空气污染、改善道路安全以及让潜在客户更容易接触到当地企业。

澳大利亚政府推出的这项倡议受到了广泛的欢迎。它为当地居民节省了出行时间,减少了他们的沮丧感,最大限度地减少了城镇中心区域的拥堵,对当地居民的生活产生了积极的影响。

(四)停车辅助 App 的使用

1. Parkopedia

Parkopedia 就像停车位的数据库,包含现有的世界各地的停车位数据,可帮助车主们找到最佳的停车位。Parkopedia 集成了导航系统,提供静态和动态停车信息、应用内支付选项和室内地图。除了 PC(电脑)端外,也提供 IOS 和 Android 版本。

(1)Parkopedia 帮助车主找到并导航至停车位外。进入 Parkopedia 官网后,在搜索框中输入停车地址或邮编,输入到达和离开日期以及时间,点击寻找停车位,系统将根据输入的信息在地图上标记出满足要求的停车位列表,再筛选街道和价格,列出最近的免费停车位。点击停车位,可以得到前往该地点的路线、可用停车位数量、价格和营业时间、有关高度限制和电动汽车充电点的详细信息、付款方式等信息。手机端可以直接跳转到谷歌地图,导航至停车位。

(2)Parkopedia 可以获取准确的停车信息。Parkopedia 可以提供静态和动态两种类型的数据。静态数据提供有关路边停车位和室内停车场、价格信息、高度限制、营业时间和停车位数量等详细信息。动态数据是关于找到停车位的概率,其提供有关停车位的可用数量、实时交通、实时停车和该地区繁忙程度分析等。

(3)Parkopedia 可以提前预订付费停车位。使用者在途中通过导航设备或智能手机预订停车位并支付费用,十分便利、省时。

(4)Parkopedia 可以查看停车场的室内地图。Parkopedia 提供室内停车设施的地图。车主可以定位空置停车位、停放的车辆,甚至是电动汽车充电点。

2. Care Park

Care Park 是澳大利亚非常流行的停车软件。Care Park 为澳大利亚的车主们提供一系列停车选择。无论是需要临时停车几分钟,还是需要定期或全天停车,系统都会根据用户需求列出一系列价格合理的优质停车位供选择。对于每天通勤的上班族,Care Park 可以提供停车位包月和量身定制的停车需求服务。

Care Park 的 PC 端、IOS 端和 Android 端用户均可以使用,但功能略有差异。在网站上搜索停车目的地,能够在地图上显示相关信息,并且可以筛选临时停车位、"早鸟"停车位、夜间停车位、周末停车位、月租停车位、大型活动停车位、节假日停车位,以及线上预定等不同类型的停车位,但是无法导航。点击选择的停车位,可以看到具体信息,如果是收费停车位,大多数可以直接在线预订;移动端的 App 与 Parkopedia 相似,可以直接跳转到 Google Map 导航至停车点。Care Park 偏向于收费的停车场,为澳大利亚车主们提供日常停车方案。Parkopedia 则偏向于展示停车点数据信息,除收费停车场外,还包含了一些路边停车位信息。

3. Wilson Parking

Wilson Parking 与 Care Park 和 Parkopedia 功能类似,但仅能查找 Wilson 自营的停车场。车主可以申请 Wilson Parking Card,进出停车场时直接刷卡,无须在付费机上取票或排队,停车费用自动从车主指定的信用卡或借记账户中扣除。拥有停车卡的会员可以通过 PC 端和手机端随时随地预定和管理停车位、访问和下载停车交易记录、更新账户详细信息和其他服务。

4. Secure Parking

Secure Parking 在澳大利亚和新西兰所有主要城市(包括悉尼、布里斯班、墨尔本、珀斯和阿德莱德)拥有 600 多个停车场,为车主提供了一系列创新的停车解决方案。Secure Parking 提供的停车套餐能够满足每位车主的不同停车需求,包括每小时停车、"早鸟"停车、灵活停车、过夜和酒店停车、优先停车等。

在 Secure Parking 的网站或 App 上选择停车地点和时间,系统会列出附近的停车点,并标注出最近和最便宜的停车位。选择停车位后可以查看具体信息,并预订和付款。用户可以输入车牌号,并完成预定和付款,然后直接通过停车摄像头进出。

5. 其他

澳大利亚某些城市也有自己独有的停车位 App，如阿德莱德的 Park Adelaide 和 U park，凯恩斯市的 On-street parking 等。

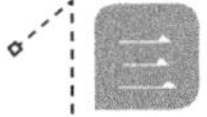

三　中国台州市

2016 年，台州上线“台州停车”智慧停车综合管理系统，提升台州停车服务便捷性，全面实现路内、路外智能停车一体化管理，进一步刷新智慧停车管理模式。驾驶人用户在系统注册账户，信息即录入系统，进而实现先停车后付费的无感支付模式，系统已拥有 100 万会员，占全市汽车保有量的 2/3。

（一）系统功能

系统推出微信自助缴费功能，较早在浙江省内实行“互联网 + 自助缴费”停车模式，突破了传统现金缴费模式。系统率先在国内开通企业停车功能，方便企业车辆统一支付、统一报销，是具有自主知识产权的智慧停车综合管理平台。系统推出“扫码停车”服务，将自助停车由输号停车简便至扫码停车。同时，系统推出停车场（库）“无感支付”功能，告别人工缴费收费，实现无接触停车缴费管理目标。

（二）系统特点

1. 以“互联网 + 停车诱导”引导精准停车

借助线上手机 App、微信公众号、互联网地图导航 + 线下三级诱导屏 + 智慧停车管理平台大数据，引导车辆分流，及时精准、快速引导市民找到停车位置。

2. 以“互联网 + 自助缴费”提高停车效率

以地磁感应、视频识别、云端数据处理等物联网、互联网技术为依托，开通微信、支付宝等多元化自助停车充值缴费方式，开发固定式停车场“无感支付”等功能，大幅提高了停车效率。

“台州停车”微信公众号关注人数达 85 万余人，日参与量达 12000 人次，自助停车缴费率达 80% 以上，停车位日平均周转率从运行前的 1.1 次上升到 5.78

次,居全省前列。

3. 以"互联网+资源共享"挖掘停车潜力

利用国企公信力和"台州停车"品牌影响力,整合道路周边停车场、小区、商场、医院等社会停车资源,将其纳入智慧停车综合管理平台进行差异化收费统一管理,实现社会停车资源互联互通,高效、科学、合理的利用。

目前,系统已接入道路外停车位945个,市民可通过"台州停车"App、互联网地图搜索到空闲停车位,实行错时共享,这一方法增加日间可用停车位约43%,各地下停车场的闲置停车位盘活率上升约52%,减轻市民停车负担约30%,减少道路停车位占用量约20%。区域内停车时间从原来的平均10min减少到6min,减少道路停留时间约41%,加快道路通行速度约30%。

第三节　面向不同区域的停车收费技术和电子收费系统

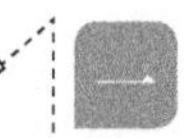

一　路内停车收费技术和电子收费系统

(一)美国西雅图

1. 建设背景

在西雅图,停车难是困扰驾驶人的一大问题。西雅图驾驶人平均每年需耗费58h寻找停车位,在美国大城市中高居第5,是全美国平均水平的3倍多。西雅图的排名低于华盛顿特区(65h),高于芝加哥(56h)。西雅图驾驶人的每次驾车行程都包含了8~9min的寻找停车位时长,平均每年因"耗费时间、燃油和排放"给驾驶人造成的损失约为1200美元。然而据调查显示,在西雅图大约有160万个停车位,西雅图人均停车位超过两个,可谓十分富余。并且西雅图的停车位使用率长期处于下降趋势,其部分社区中停车位的使用率常年处在43%~64%之间。

2. 建设情况

西雅图政府通过建立停车数据库,将地区全部停车资源信息化,并以此作为停车资源信息发布的基础,供驾驶人查询,以此大幅缩短寻找停车位用时,同时提高停车位周转率。

同时,华盛顿州交通运输部门启用智慧停车收费系统,更新了西雅图 1700 个街头停车费收费站,将其转换成按车牌收费系统。驾驶人只需在付费时输入自己的车牌号码和停车时长即可完成缴费,无须再次回到车里把黏性贴纸收据粘在车窗内侧。此外,驾驶人还可以在网上创建包含个人和车辆信息的账户,每次刷卡完成停车后,该账户将会自动记录停车历史和停车收据。

(二)中国深圳市

1. 建设背景

深圳市于 1997—2007 年委托管理公司实施路内停车咪表收费,实施之初采取收支两条线的政府参与管理模式,即当月咪表停车收入全额上缴市财政,管理公司应得收入由市财政按合同约定比例逐月核拨,后演变为企业按月定额上缴收费的企业经营模式,政府和企业之间关于上缴额度的矛盾以及企业管理服务水平的下降逐步凸显,最终导致路内停车咪表收费的终止。2007—2012 年,深圳市实行了路侧停车免费制度。

面对日趋严峻的交通形势,2012 年,深圳市政府颁布《深圳市城市交通白皮书》,明确要求通过调整停车收费政策,增加小汽车使用成本,引导小汽车出行向公共交通方式转移。其中,路内停车收费管理作为本轮停车政策的重要组成部分,其实施的目的并不仅是提供路内停车位,满足必要、临时性的短时停车需求,更是期望通过该项政策,强化交通需求管理,提升路内停车秩序,引导市民理性用车、合理停车,促进道路交通运行效率提升。

(1)明确推荐策略。深圳市制定停车收费政策,并修订了《深圳经济特区道路交通安全管理条例》,明确了对路内停车实施收费管理的法律依据。修订了《深圳经济特区道路交通安全违法行为处罚条例》中的违法停车处罚条款,提高交通繁忙路段的违法停车成本,避免日后停车收费提高出现合法停车成本高于违法停车成本的现象。在政策制定过程中,进行全过程、分阶段的公众参与和专家咨询。在福田中心区南片区、福田竹子林片区、南山中心区和罗湖田贝片区先开展了为期半年的试点运行,同期开展了评估研究,在评估完善的基础上,于 2015 年 1 月,再推广至原特区内 4 个区:福田区、罗湖区、南山区和盐田区。

(2)明确收费费率动态调整机制。平衡路外与路内停车使用,制定合理的比价关系。短时停车收费路内低于路外,以较低的收费满足短时路内停车需求,长时停车收费路内高于路外,以较高的收费抑制长时间路内停车需求,促使长时间停车需求优先选择路外停车场,提高路外停车设施利用率。遵循区域差别、分时差别原则,交通越拥堵的停车收费分区,路内停车收费越高,交通较拥堵的白天,路内停车收费应高于交通较通畅的夜间。

(3)实行联动机制。此次收费机制调整注重与动态交通的结合,建立了路内停车收费与动态交通运行联动的调节机制。当动态交通运行情况优于目标值时,政府将下调路内停车收费费率;当动态交通运行情况出现恶化、远离目标值时,才会适当提高路内停车收费费率。通过路内停车收费动态调节机制,使道路交通处于既不拥堵又不致出现道路时空资源闲置的状态。

2. 建设情况

在路内停车收费技术上,深圳市推行射频技术+用户自助支付方式。深圳市路内停车收费管理突破传统的咪表收费及人工收费技术,创新性地实行了射频加手机的道路停车收费管理模式,建立了判定精准、使用方便、结算便捷、技术稳定的道路停车管理体系。

(1)系统构成。

智慧路边停车系统由前端的数据采集系统以及后端的业务管理系统两大部分组成。

业务管理系统即道路停车管理的指挥中枢,主要负责停车设备管理、交易处理、费用结算、客户服务等功能,还可与政府交通运输部门交通管理平台对接,实现数据互换与共享,为交通诱导、停车信息发布等提供数据支撑。

数据采集系统主要由无线地磁停车位检测器(简称停车位检测器)、中继器和网关构成,功能分别如下。

①停车位检测器:利用磁传感器实时检测车辆对地磁的影响,以判断停车位上是否有车辆停放,并将检测数据通过无线方式传送给无线网关/中继器。每个停车位安装一个停车位检测器。停车位检测器与网关/中继器通信距离可达100m以上。

②网关:停车位检测器自组无线网的数据网关。连接停车位检测器网络与后台数据中心,将停车位检测数据传输至后台数据中心。网关通过移动运营商提供的通信网络(如3G、4G、GPRS等)与后台数据中心通信。

③中继器：无线信号中继，扩展自组无线网的覆盖范围。

停车位检测器、中继器和网关三者之间通过无线自组网技术自主组网，网关实时汇总停车位检测器数据，并通过公网将数据传输到后台业务管理系统。

(2)关键技术。

数据采集系统是业务管理系统的数据之源，数据采集的准确性、实时性、稳定性在智慧路边停车业务实现中起着非常重要的作用。停车位检测器是数据采集系统的关键部分，检测器的性能对数据采集系统的准确性起决定作用；停车位检测器、网关、中继器三者自组网的性能直接影响到数据采集系统的实时性、稳定性，因此，智慧路边停车的关键技术其一是无线地磁停车位检测技术，其二是无线自组网技术。

①无线地磁停车位检测技术。

停车位检测器的原理是通过磁传感器测量周边地球磁场的变化来发现铁磁物体是否存在。当车辆在检测器附近出现时，周围的地球磁力线会发生弯曲和密度的变化，传感器检测到该变化进而判断有无车辆。地球磁场会受到摩托车、自行车等的干扰，需通过长期的数据采集和分析，建立数学模型，设计针对某些干扰的算法，进而保证检测的高准确率。

停车位检测器主要由微处理器、磁传感器模块、射频模块和电源模块四部分组成。微处理器负责传感器数据的处理、射频模块的无线传输与控制等；磁传感器模块负责路边停车位周围地磁场变化的检测与数据采集；射频模块负责数据的收发；电源模块负责为微处理器和射频模块提供稳定电压。

②无线自组网技术。

无线自组网是由一组自主的无线节点或终端相互合作而形成的，独立于固定的基础设施，并且采用分布式管理的网络，是一种自动创建、自动组织和自我管理的网络。与传统的蜂窝网络相比，无线自组网没有基站，所有节点分布式运行，具有路由器的功能，负责发现和维护到其他节点的路由，向邻居节点发射或转发分组。这种网络既可以单独运行，又可以通过网关接入有线骨干网络。其基本思想起源于20 世纪70 年代，研究的重点主要放在国防项目上，随着移动通信和移动终端技术的高速发展，该技术不但在军事领域中得到了充分发展，在民用移动通信中也得到了应用。

无线自组网的典型特征如下：网络具有灵活机动、组网迅速、适应环境能力强的特点，其自组性提供了廉价而且快速部署网络的可能；网络具有多跳路由和中间节点进行转发的特性，可以在不减小自组网覆盖范围的条件下减小每个终端的发射范围，从而降低设计天线和相关发射和接收部分的难度，也降低了设备的功耗，从而为终端的小型化、低功耗提供了可能；网络的鲁棒性、抗毁性也满足了某些特定应用需求。

无线自组网可以在任何时刻、任何地点快速构建起一个通信网络，并且不需要现有信息基础网络设施的支持。根据节点是否移动，可以将无线自组网络分为传感器网络和移动无线自组网络。在传感器网络中，各个无线节点静态地随机分布在某一区域。传感器负责收集区域内的声音、电磁或地震信号等多种信息，将它们发送到网关节点。网关具有更大的处理能力，能够进一步处理信息，或有更大的发送范围，可以将信息送往某个大型网络，是远程用户能够检索到该信息。智慧路边停车数据采集系统是一个典型的传感器网络，停车位检测器负责收集停车位区域地磁信息，据此判定停车位状态，并将相关信息发送到网关，网关通过公网将数据传输到后台业务管理系统。

深圳市交通运输局下设深圳市道路交通管理事务中心，负责所有停车位的管理和收费，采取收支两条线，费用直接进入财政。2014 年 6 月，该中心推出的路边停车应用“宜停车”正式上线，是国内首个采用“互联网 + 智慧停车”的应用实例。

该应用是对原有停车管理模式进行深度优化设计研究，拟通过视频监控行驶和静止的车辆及识别车牌号码、定位车辆轨迹运行算法等进一步提升路边停车管理信息系统平台对路内停车车辆的信息采集、停车过程视频记录，实现全自动收费及对违法停车的视频执法，从而实现用户停车先停后缴费等模式。此外，该应用同时兼顾设计了多传感方案灵活的部署模式，在已经安装停车位检测器的路段，可以在原有停车位检测器的基础上增加智能视频识别，将最大化地提升停车数据的精准度和可靠性，对超时停车、逆向停车、跨位停车等违法车辆也能够自动抓拍识别，管理单位和人员不参与收费过程，只负责系统维护、设施建设和管理养护以及对道路违法停车的执法等，有效避免了传统人工收费可能出现的利益寻租、人员冲突等问题，也降低了管理员的工作量。同时更加丰富停车信息数据采集，为项目的运营、管理提供更全面的数据信息，后付费的管理模式也为车主带来更良好的停车体验。

截至 2017 年,深圳市 10 个区 4.5 万个停车位由“宜停车”应用进行管理,用户覆盖深圳 70% 以上车主。深圳市道路交通管理事务中心根据设置路边宽度、交通运行状况及停车需求等因素,将路侧停车位分为全日可停车位、仅夜间可停车位以及仅高峰时段可停车位三种形式,并在停车位旁设置收费公示牌。路侧停车收费路段所有停车位管理由地磁与手机 App 实现,停车位无人值守。停车位探测器将数据汇总至后台,车主可通过 App 查询路边临时停车位剩余数量。如需使用路边停车位,车主有三种付费渠道:宜停车 App 注册账号、停车充值卡,或手机通信商的停车套餐。车主停车后,根据路面停车位编号及停车需求时间,可拨打停车客服电话或进入手机 App 客户端进行付款。费用进入道路交通管理事务中心财政账户。道路交通管理事务中心在管理片区配备道路巡查人员,巡查人员手持旋极智能终端,发现违章行为即对违章车辆出具罚单。经过大半年的试运行,2018 年 4 月 1 日,原深圳特区外宝安、龙岗和龙华三个行政区部分街道办辖区内“宜停车”停车位,也开始实施收费管理。

2015 年,深圳市路边停车收费管理采用的是预付费模式,随后道路停车管理单位推出了后付费模式,但在《深圳市机动车道路临时停放管理办法》并无相关规定。2018 年 2 月 28 日,深圳市政府六届一百一十一次常务会议修订通过《深圳市机动车道路临时停放管理办法》,且自 2018 年 5 月 1 日起开始施行该办法。修订增加了“事后缴费”模式,第十五条规定“收费时段内使用道路停车位的,使用人每次停车时应当启动停车缴费流程”,第十六条规定“路边临时停车位使用费可以选择预先缴费、事后缴费等方式缴纳”,第十七条规定“使用人选择预先缴费方式的,应当在车辆驶入道路停车位后、规定的时间内启动停车缴费流程,并按照拟停放时间预先缴纳费用”,第十八条规定了“使用人选择事后缴费方式的,应当事先按照规定的方式绑定信用卡,或者选择其他可以提供信用担保的支付方式”,明确了缴费方式。

随后,“宜停车”更新了缴费方式,可以预先缴费,或者事后缴费,并不再对超时未补缴费用进行处罚,超时费用不需要双倍补缴。缴费也可以“事先启动、事后缴费”,车主绑定信用卡,停车时只需通知程序“我开始启动缴费了”,系统自动计算时间,车辆驶离后计算费用。余额、绑定信用卡、微信和支付宝 4 种支付方式,其中信用卡可以自动扣款。对收费时间有争议的,可在 48h 内提出。同时,“宜停车”不再设定补缴时限,只要车主在下一次通过同一个手机缴费账户使用停车位前,补足前一次费用就行,并且没有行政处罚。如果车主未补足前次费用,就无法通过该手机缴费账户继续使用停车位。深圳市道路临时停车有预先缴费和事后缴费两种方式。道路停车位(即“宜停车”停车位)的使用人无论选择何种方式停车缴费,均应当在10min内启动停车缴费流程,否则就属于违法停车,视为违法停车处理。

3. 实施效果

2014年7月8日起,深圳市路内停车收费管理正式实施,目前已拓展至原特区内范围。期间,对路内停车收费系统的运行开展持续跟踪和评估。经评估,实施路内停车收费管理的片区,在停车设施使用、交通秩序、交通运行和交通污染等方面均得到显著改善,但收费片区的路内停车位平均利用率并不是很高,至试点期末仅为31.2%,与规划设想的50%路内停车位平均利用率有一定偏差。于是,深圳市及时启动路内停车收费费率下调研究,制定了对前3h路内停车收费费率下调40%的调整方案。2015年7月10日起深圳市政府下调停车收费费率,获得了社会各界充分肯定。

通过上述费率调整,路内停车位利用率已上升至48%,基本达到规划预期。此外,深圳市路内停车停放时间分布中,2h以内路内停车数量约占总停车数量的90.5%,3h以内路内停车数量约占总停车数量的96.6%,路内停车位服务于短时停车需求的功能基本实现。

(三)中国泰州市

1. 建设背景

相较于大城市,中小城市在停车设施的建设相对滞后,为了尽快缓解停车的供需矛盾,投资小、见效快的路内停车便成了首选。但是,由于过分强调路内停车设施的规划与建设,却缺乏行之有效的管理,路内停车的停车秩序混乱、违法停车现象普遍,已经严重影响了道路的通行能力与道路使用者的出行安全。

2. 建设情况

泰州市政府牵头成立市区公共停车场建设领导小组和文明交通提升工程领导小组,市领导担任组长,市各相关职能部门为成员,建立定期会商和工作协调联动机制,明确了停车管理责任主体。2014年底,先后出台《泰州市市区机动车停车场服务收费管理办法》和《泰州市市区机动车停车场管理暂行办法》,

加强对市区停车场服务收费管理,规范停车服务秩序及其收费行为。2015 年,泰州市规划局牵头,发布《泰州市建筑物配建停车设施设置标准与准则》,建立建筑物配建停车的市级标准。2017 年 1 月,发布《泰州市市区住宅区地下停车位管理办法》,进一步规范居民小区的停车管理;同年 4 月,施行《泰州市城市治理办法》,明确泰州市公共停车场和道路停车位规划建设与管理的标准。2020 年 6 月,泰州市政府审议通过了《泰州市停车场管理办法》,并于 2020 年 9 月 1 日起施行,该办法强化了停车场规划、建设、使用和管理,促进市区交通协调发展。

泰州市建立智慧停车综合平台,将无线通信技术、移动终端技术、GPS 定位技术、GIS 技术等综合应用于城市停车位的采集、管理、查询、预订与导航服务,进行大数据研判,向社会共享公共停车实时数据。智慧停车平台采用领先的 NB-IOT 物联网技术,进一步优化升级停车管理系统,使之具备"反向寻车、预约停车、无感支付、主动离场"等功能,车主动动手指就能找到附近的停车场,了解停车场空位数量、收费标准等实时信息,离场时用户只需 30s 便可快速结单。至此,泰州市构建了基于无线网络技术的路侧智能停车系统。基于无线网络技术的路侧智能停车系统示意如图 3-17 所示。

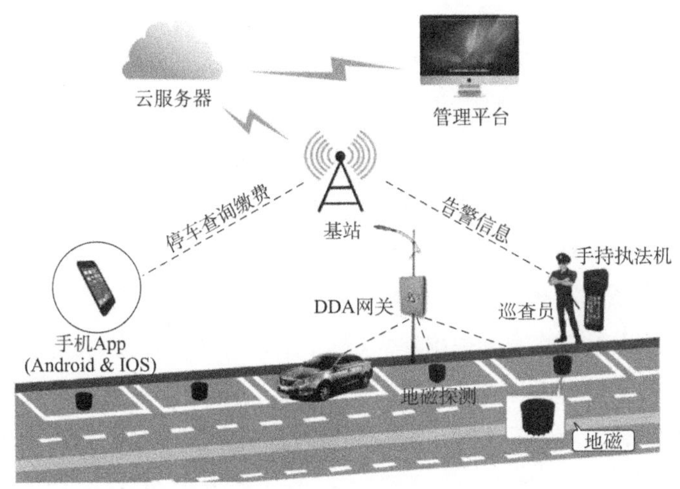

图 3-17　基于无线网络技术的路侧智能停车系统示意图

2019 年,泰州市全部更换完成物联网地磁,停车感应精度可达 99.9%。截至 2021 年 1 月,泰州市投入物联网地磁 4000 个、高位视频桩 50 个、视频桩 200 个,接入道路停车位 5000 个、封闭停车场 50 个,注册会员 25 万人。

3. 实施效果

泰州市全部更换完成物联网地磁后,市民对收费计时不准的投诉率下降了近80%,进一步提高了停车收费管理水平。收费停车位全面使用物联网地磁,在江苏省尚属首例,升级后的智慧停车平台作为市级停车公共服务平台,已成功入选智慧江苏成果案例。

二 路外停车收费技术和电子收费系统

(一)日本

停车场管理一般分为路侧占道停车和路外停车场(库)两种,由于其对交通的影响和停车场产权的不同,一般都采取完全相反的管理模式,中日两国的分类方法相同。

日本的GPS导航普及率几乎达到100%,包括货车、出租汽车、大型公交车等,能实现动态信息显示的约占30%,动态信息包括实时路况显示、停车场的空满状态等。

在日本,停车场系统往往尽可能自动化,节省空间。小到只有两个停车位的停车场,都配备自助缴费机和自动贩卖机,如果顾客零钱不够,一般停车场都设有换零钱的“两替机”,自动贩卖机出售各种饮料等。日本驾驶人很习惯自助服务,自觉性很高,很少有逃费或破坏自助设备的情况。

1. 智慧停车系统

智慧停车系统有多种形式,6种常见的智慧停车系统如下。

(1)垂直循环智慧停车系统。

垂直循环智慧停车系统是指在垂直平面上以圆形或椭圆形连接停车场的连接和旋转平台。平台悬挂在一个大型的无边链,配备了特殊的附件和旋转部件,使用附加在平台上的导向滚筒防止平台的水平移动,该平台与侧边的导轨接触。

(2)多级循环智慧停车系统。

根据车辆进入系统的位置,停车系统有上装、中装和下装三种类型。在多级循环智慧停车系统中,有两种类型,一种是圆形旋转智慧停车系统,另一种是箱体旋转智慧停车系统。使用圆形旋转智慧停车系统,可以处理那些正在平稳进入和退出的汽车,也适用于需要平滑操作的场合。箱体旋转智慧停车系统即使在丧失一定程度平滑性的情况下,也可以得到对空间的最佳利用。

(3)水平循环智慧停车系统。

与大部分采用垂直地下空间的顶荷载垂直旋转智慧停车系统相比,水平循环智慧停车系统在水平面上进一步利用建筑物的地下空间。系统通过消除汽车通道,减少停车所需的空间,从而增加可能停在某一区域内的汽车数量。水平循环智慧停车系统在水平面上和两排或两列以上安装多个停车输送机,并视旋转系统而定,可分为圆形旋转系统和箱体旋转系统。

(4)电梯智慧停车系统。

在该智慧停车系统中,地下停车位是最常用的,实际使用的系统大部分是箱式旋转系统,通过与电梯的结合,将进入停车场的入口安装在底层。电梯智慧停车系统可能有1~4层,系统将电梯与立体停车位结合起来,根据停车位相对于电梯位置的不同,可分为三种类型。立式型是指位于电梯纵向轴两侧的停车位,水平型是指位于电梯宽度轴两侧的停车位,径向型是指从电梯辐射的停车位。从电梯进入停车位的运动是通过自动传送器实现的。

(5)电梯滑轨智慧停车系统。

电梯滑轨智慧停车系统的机构是在电梯式提升机中增加水平运动功能,与自动化仓库中的堆垛机具有相同的功能。该智慧停车系统可分为两种类型:一种是将停车位放置在电梯纵向轴的两侧,另一种是停车空间位于电梯两侧的宽度轴上。从电梯到停车位的运动可以是自动推进的,也可以是自动运输的,而后者是最常用的。

(6)两层智慧停车系统。

在两层系统中,有的只用电梯来提升汽车,有的由换挡输送机将它们移到较低的层和左侧或右侧,这样汽车就可以随意进出。作为电梯停车系统的一种,也有设置一个坑存放停在地下的汽车,通常在集体住房中使用较多,上下两层分别使用。

日本智慧停车系统通过激光屏障扫描汽车和其牌照标签,会在使用者停车卡上生成一个特定的号码,使用者付费之后不用等任何障碍打开就可以离开停车场。因此,日本的停车系统几乎在任何地方都能自动应用,不仅节省了空间,还节省了大量的时间。

2. 千叶县松户市 Terrace Mall 停车场

2019 年 10 月，日本千叶县松户市 Terrace Mall 开业，停车场服务在商场开业当日便得到一众好评。松户市 Terrace Mall 停车场采用了停车位引导，通过户外引导大屏、室内停车位引导屏清晰展示空停车位；室内外近 1400 个停车位采用超声波探测器结合停车位指示灯的方式，缩短了使用者寻找车位的时间；户外超声波检测系统抗干扰能力强，能够满足恶劣天气下的正常运营需要。日本千叶县松户市 Terrace Mall 停车场如图 3-18 所示。

图 3-18　日本千叶县松户市 Terrace Mall 停车场

（二）中国北京市

北京市金融街商圈繁华，为了更好地对停车场进行管理，2015 年，选择了具备最先进车牌识别功能的设备系统——V3 系统，其是集车牌识别、出票（或出卡）以及先进微信支付功能等为一体的智能停车管理系统，能适应各类客户对现阶段停车收费管理的需求，先进的微信支付功能，在提升车主缴费体验的同时，也减少了停车场管理方因为收费带来的各种问题。

1. 系统功能

临时车辆进入停车场时，停车场入口处先进的视频抓拍技术，将以小于 300m/s 的速度自动抓拍并识别车牌，并将抓拍的信息保存于系统中，当车牌被识别保存后，入口处的道闸会自动抬杆，车辆可快速入场。当车辆车牌无法被识别时，系统将提示车主自动取票，车主按压控制机上的按键，系统则会吐出记录有日期、进场时间等车辆信息的条形码纸票，车主取走纸票，道闸自动升起，车辆便可轻松入场。

车主在进入停车场后，可以根据视频停车位引导系统寻找空停车位。该停车位引导系统在每个停车位的正前方安装车牌识别摄像机及与指示灯为一体的视频停车位检测终端，为精确识别车牌号提供保障。视频停车位引导系统先进的车辆定位技术会自动识别判断停车位是否有车，即使是无牌车辆也能准确计数。摄像头捕捉到的最新停车位信息会及时传达到系统控制中心，控制器会自动将信息反馈在显示屏中，同时控制停车位指示灯：绿灯指示停车位为空，红灯指示停车位有车。

车主停好车后，车牌号与位置自动被系统记录，不需要人工标记。离场找车的时候，只需要在任意一台反向寻车终端上输入车牌号码，终端显示器会立即显示停车场地图并标出待找车辆的停车位置，车主就可以以最短的路径找到自己的车辆。而取票的车主只能根据自己记住的停车位信息并按照区域 LED 指示牌寻车。

车辆出场时，出口处视频再次抓拍车牌信息，通过对比核算出停车时长及停车费用，车主缴费完成后便可离场。无法识别车牌的车主，则需要将入场时取的小票交给收费管理员进行人工收费。

同时，系统可以同微信进行对接，车主使用微信支付便能完成缴费。系统与微信进行对接了的停车场内都会设置固定的二维码，通过车牌识别入场的车主只需打开微信的扫描功能进行扫码，便会出现停车缴费信息，车主根据页面内容输入自己的车牌号码，系统便会显示车辆应缴的停车费用，然后再根据页面提示进行停车费支付即可，支付完成后，车主在规定时间内出场时车牌识别系统将自动识别车辆为已缴费车辆，自动放行，车辆可不停车出场；取票进场的车辆，车主可直接使用微信扫描停车票上的条形码，按照提示完成缴费，在规定时间内到达出场口时，只需将小票提交收费管理员扫描识别，系统就会顺利放闸离场。

该项目固定车辆与临时车辆的收费标准相同，内部车辆需预先办理包月充值套餐，管理方便会在系统中将充值费用的车辆设置为内部车辆，系统在车辆进出时会自动识别车辆的车牌号码，出场时可自动从储存的费用中进行抵扣。两条出口车道中的一条被设置为快速车道，内部车辆可从出口处的固定快速车道离开。

2. 系统特点

车牌识别车辆进出场能最大限度地提高出入口车辆的进出场效率。出票系统车辆进场，从取票到放行大约需要 10s，而车牌自动识别车辆进场仅需 5s；系统采用车牌作为出入凭证，特殊情况下才使用纸票，大大减少了耗材、降低了管理成本，同时也减轻了管理人员的劳动强度；该系统的车牌识别功能采用先进的视频同步识别及补光技术，能自动识别车牌。遇到阴雨天识别率不高的情况，该系统采用的解决方法是根据现场环境选择一个有利于摄像机内置闪光灯拍摄的合理位置进行安装，在必要的场合时会另外加补光灯进行必要的补救。

该信息化管理系统带有以太网接口，和 3G/4G 无线路由器完美结合，解决了线下和线上数据互联互通的问题。通过打通线上线下实现了停车场数据与在线停车管理平台停车位数据的实时交互，并可通过平台接受车主停车位预订及停车缴费等信息。在城市智慧停车战略应用潮流中，为配合各地政府的停车信息化建设，系统的该功能为管理方提供数据支持。

（三）中国厦门市

厦门高崎国际机场是中国东南沿海重要的区域性航空枢纽，高崎国际机场停车场主要分为收费类停车场和出租汽车停车场两大类。收费类停车场全部用于社会车辆停放，24h 开放，包括 T3 航站楼地下停车场、地面东停车场以及 T4 航站楼地面停车场。出租汽车停车场用于提供出租汽车储备停放场所。停车场在使用初期对于机场停车需求有很大缓解，但随着客流量的攀升，机场停车需求增加，管理难度增大，停车难问题亟待解决。2015 年 7 月至 8 月中旬，高崎国际机场对停车场进行了升级，构建智慧停车场。

1. 基于车牌识别的视频免取卡技术

高崎国际机场所有出入口车道都改用视频免取卡收费系统，这不仅实现了全部车辆秒速进出场，也是机场停车场建立无人值守管理模式的开始。

视频免取卡收费系统是以基于车牌及车型识别的收费系统作为车辆出入停车场的凭证，通过出入口的车辆识别来判断车辆进出场的权限及车辆的停放时间和应缴停车费。基于车牌识别的视频免取卡系统集摄像机、闪光灯和控制机等设备于一体，可以对车辆进出场进行快速处理和收费，当车辆靠近停车场入口并触发地感，系统控制机内的摄像机快速抓拍车牌，再由管理软件进行车牌数据处理和停车信息记录，并且道闸迅速抬杆放行，车主无须取卡或票进场。车辆出场时，系统能够自动识别车牌并自动结算费用，高效省时。系统还会对来往车辆进行智慧筛选与配比，不论是走出租汽车通道的出租汽车、走公交通道的公交车，还是走核准通道的军警车、公务车等，系统都能快速识别车辆类型并判断是否放行。系统配备主、辅两台卡口高清数字摄像机，对车辆进行车牌识别的同时还可以录像，因而具备车道监控功能，加上系统与系统之间、系统与服务器之间可进行远程监控与对讲，停车场工作人员在岗亭内能随时掌握机场停车场的整体情况，既节省人力成本，又方便实时管理。

2. 场内停车位引导及反向寻车技术

T3 航站楼地下停车场原有的超声波停车位引导系统全部替换升级为数字视频寻车系统，实现了停车引导、快速找车以及过夜车辆自动查询等多重功能。

视频寻车是基于视频识别的停车位寻找、引导系统，应用中每个停车位上方均安装有数字视频停车位检测终端，内置百万像素高清数字摄像机，支持连续抓拍功能，可快速拍取识别每个停车位当前的停车位状态、车牌号码等信息。车主驾车进场时，场内外的停车位引导屏上会显示当前该地段各方向停车位空余数，并随时更新变化，以引导车主快速找到停车位停放。通过对停车场每个停车位信息的实时采集整理，系统能够有效统计计算场内车流量、停车位使用率等信息，工作人员通过系统后台即可了解到停车场各时间段内的使用情况，无须再进行人工查询。

3. 接入手机停车应用平台

在 T3 航站楼地下停车场、T4 航站楼地面停车场接入手机停车应用平台“速停车”。该平台以线下智能停车系统为设备基础和数据来源，帮助高崎国际机场停车场将原有的运营模式转移到互联网平台上，使停车系统、机场、服务及车主连通互动，实现线上和线下的真正无缝融合，开通移动支付、手机查询、手机寻车以及定期提醒等服务，助力机场停车场转型为“互联网 + 停车场”。此类停车场已经在北京、上海、广州、厦门、武汉、福州等多个城市出现：车主可以随时随地通过手机查询停车场位置、空停车位信息、预定停车位，并进行路线导航；停车场能不停车快速出入，无须刷卡（或取票），系统视频识别车牌信息，自动核算停车费；场内引导标识清晰，告诉车主空停车位在哪，加快车流疏解；车主停好车后，系统立即自动定位车辆，当车主要离场时，既可通过场内找车机快速找车，也可掏出手机随时查询车辆位置。“互联网 + 停车场”简化了停车流程，改变了人们的停车习惯，更高效地利用了现有停车系统，有效缓解了停车供需矛盾。随着越来越多的停车场引入互联网模式，停车场日益智能化。作为城市静态交通里重要的一环，“互联网 + 停车场”在实现城市停车资源最大化利用、解决停车难问题的同时，也大大促进智慧城市建设。

免取卡停车、场内停车位引导和反向寻车、手机停车应用、移动支付停车费等停车场新技术的应用，为机场往来旅客营造了舒适的停车环境，节省了不少停车时间。对机场而言，管理方节约了人力支出，并将停车服务进行了流程上的简化、改造和升级，为来往旅客提供贴心的机场服务，以停车场的"智变"带来旅客体验提升的质变。

（四）中国成都市

成都市通过新建、改建等方式科学增加公共停车位供给，缓解交通密集区域停车难问题。通过推动"规建管"一体化，推进以政府统筹、社会参与的一体化运营，调动闲余停车位参与市民停车需求供给；推动投资主体多元化，推广政府与社会资本合作（PPP）模式，引进有技术、有实力、有经验的企业参与停车场建设运营；推动停车设施智慧化，创新发展"互联网＋停车＋充电"一体化服务方案；推动建设形式多样化，充分挖掘用地资源，有效利用停车场用地、服务设施用地等空间，采取增建、叠建等多样化方式，加大公共停车设施供给；推动停车空间生态化，加大"裸露"停车场改造，将停车空间与园林绿化空间有机结合，按生态停车场绿化率指标进行改造；推动实施收费差异化，根据交通资源状况分区域、分类别、分时段合理确定停车收费价格。

2021 年上半年，成都制订了《成都市中心城区 2021 年公共停车场建设方案》，计划 2021 年在成都中心城区建设公共停车场 33 个，其中新建智慧停车场 17 个，续建、改（扩）建 16 个，提供停车位不低于 14328 个。同年 9 月，成华区新华公园智慧停车场、锦江区李劼人公园配套停车场，以及青羊区快活 4 组智慧停车综合体等多个项目完工或收尾。新建停车场在正式投用后，将陆续接入"成都停车 App"，打通停车大数据，盘活闲置停车位，实现停车位预订、停车位共享等功能，进一步提高市民便利度，满足"15min 公服圈"需求。

1. 新华公园智慧停车场

成华区新华公园智慧停车场位于成都市新华公园西北侧，靠近双林北支路处，有一个显眼入口。停车场共建有 468 个停车位，停车场设置双车道出、入口各 1 个，2 部直升电梯可直达新华公园内部。

新华公园片区内有学校，加上成都市第六人民医院、万象城商圈在附近，对停车需求量较大，停车难现象较为突出。为此，成华区政府开发新华公园地下空间，打造了新华公园智慧停车场。新华公园智慧停车场建成后，大大缓解了片区停车难问题。

新华公园智慧停车场正式投用后，除为市民提供临时停车服务外，考虑针对周边小区及办公场所，推出线上停车位预订，整租、分时租赁等特色包月服务，满足不同人群停车需求，最大限度利用好地下停车资源。

2. 青羊区黄田坝片区智慧停车综合体

青羊区黄田坝片区智慧停车综合体是位于青羊区黄田坝片区的快活4组智慧停车综合体，停车楼用地面积2988m^2，建筑面积1.4万余m^2。停车楼地上地下各5层，可全智能机械式停车，其中，地上2～5层为自走式停车位，共164个停车位；地下2～5层为全智能机械式停车位，共196个停车位。

停车楼十分有设计感，整栋楼引入绿色生态系统进行立体绿化，每一层都是流线造型，利用上下的错层出挑，形成错落有致的绿化空间，风一吹，宛若波浪。成都市青羊区黄田坝片区智慧停车综合体外观如图3-19所示。

图3-19　成都市青羊区黄田坝片区智慧停车综合体外观

第四章
CHAPTER 4

城市智慧停车管理平台设计

第一节　基于 MaaS 的城市智慧停车管理平台建设需求分析

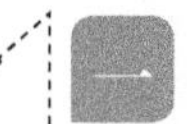

一　MaaS 的内涵与特征

在共享交通模式和智能信息技术的基础之上，城市出现了全新的交通理念——“出行即服务”(Mobility as a Service，简称 MaaS)。MaaS 是将各种交通方式的出行服务进行整合进而满足各种出行需求的交通系统。

在 MaaS 系统下，出行者把出行视为一种服务，不再需要购买交通工具，而是依据出行需求购买由不同运营商提供的出行服务。MaaS 代表了一种转变：从个人拥有出行工具到将出行作为一种服务来进行消费。在这过程中，不同用户存在不同的需求：公众出行者希望减少出行时间、提高出行的便捷和舒适程度；出行即服务平台运营企业希望连接更多出行服务商的服务，为乘客提供完整、便捷、无缝衔接的服务，平台运营企业希望通过提供优质服务产品获利；政府希望打通客运的各个环节，便于行业监管，并为乘客提供良好的服务。基于以上需求分析，MaaS 的关键宗旨是基于用户(公众出行者)、企业、政府的需求提供相应的方案。一次完整的出行即服务示意如图 4-1 所示。

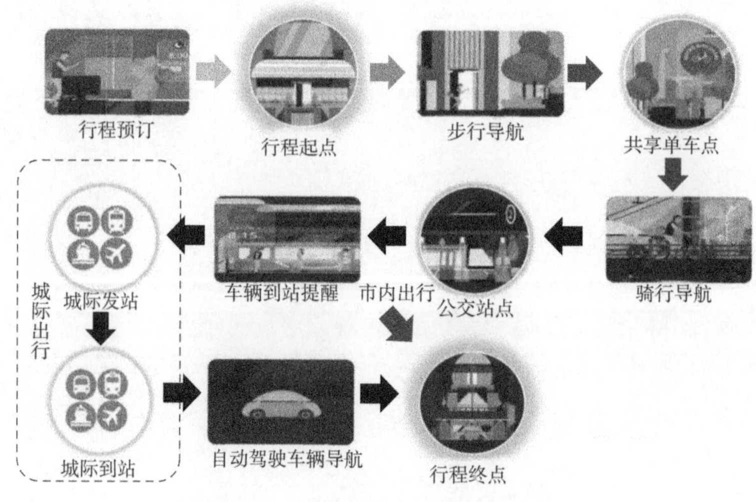

图 4-1　一次完整的出行即服务示意图

私人小汽车数量不断攀升，停车难成为生活常态。而 MaaS 具有共享、一体化、绿色和人本四个特征，正是解决当前交通和出行问题的几个关键词之一。

（1）共享表示 MaaS 注重提供交通服务而不是单纯提供用户拥有的车辆数，以配置服务为核心，出行者不再需要购买交通工具，对供应商提供的交通工具只有使用权，而没有所有权。

（2）一体化则表示 MaaS 需要对各种模式进行整合，包括：①票务一体化技术，使用一张智能卡就可以访问所有交通服务模式；②支付一体化技术，用户通过一个账户进行付费，支付一体化是整合各类交通运输模式最基本的要素，通过智能卡技术实现；③ICT 一体化技术，只需要一个应用程序或在线接口就可以访问所有交通服务模式的相关信息；④供应商一体化技术，由单一的公司进行所有出行模式交通服务的提供和管理。

（3）绿色代表 MaaS 系统下私家车出行将被大幅减少，以公共交通等低碳出行方式为主导，扩大绿色出行比例，节能减排。

（4）人本表示以人为本，以个人需求为核心，提供更好的出行服务，使出行方式无缝衔接，方便快捷。

随着 MaaS 和智能信息技术的进步，智慧停车管理平台越来越成为解决停车问题、改善停车服务的重要途径。在 MaaS 背景下，智慧停车管理平台需要满足政府和管理公司监管、运营服务的需要，并且基于专业化信息查询平台，为车主及管理部门实时掌握停车位信息、场所静态信息、诱导服务信息提供技术手段，具体有以下几个方面。

（1）完善和优化城市停车信息化管理体系：建立高效、合理、动态发展的城市停车管理机制，依托成熟的信息化技术，进一步梳理和挖掘停车资源，降低停车成本，增强停车收费、管理和服务的能力，提高城市现代化管理水平。新模式的建立将会使城市在城市道路停车管理工作方面更加高效、科学和现代化。

（2）重构现有的停车收费管理模式：道路停车管理服务平台的建设和成功运行，将收费、管理、监督、服务集成于一体，使得停车收费管理、监督工作更加透明化、人性化，将带来较好的经济效益和社会效益。

（3）改善用户体验，实现道路停车信息化建设：通过建设数据平台，应用移动管理终端，使收费服务向“源于客户需求，终于客户满意”迈进，真正实现道路停车收费管理、综合性服务的信息化建设。

二 MaaS 的研究现状

MaaS 的概念最早是由芬兰智能交通协会主席桑波·希塔宁先生参照云计算的服务模式(PaaS、IaaS 和 SaaS)于 2014 年正式提出并定义的。虽然 MaaS 是近几年才兴起的概念,但它在各个国家都有不同的发展。目前,MaaS 系统流行于欧洲和北美地区的发达国家。其中,德国和荷兰尤其盛行。据统计,目前在全球共计有 15 项 MaaS 项目得以实施并取得成效,这些项目均由发达国家推行。目前我国国内也涌现了不少新的出行服务模式,常见的如滴滴出行、神州专车等用车平台,以及 EVCARD、Car2Share 等共享汽车、共享班车等,运营主体主要为企业,部分为政府;用户数量从数百到数万人不等。MaaS 发展过程如图 4-2 所示。

图 4-2 MaaS 发展过程

(一)国外研究现状

1. 芬兰

在芬兰,MaaS Global 公司与运输商合作推出了 Whim,Whim 为用户提供各种方式出行服务,这些出行方式包括出租汽车、租车、公共交通、共享单车等,未来将增加城际出行方式(火车、长途汽车等)和共享汽车等。Whim 可根据用户需要提供多种出行服务,包括单次出行、单日出行和单月出行。它能根据用户的出行偏好、捕捉用户的出行时间规律,从而为用户推荐出行选择。Whim App 界面如图 4-3 所示。

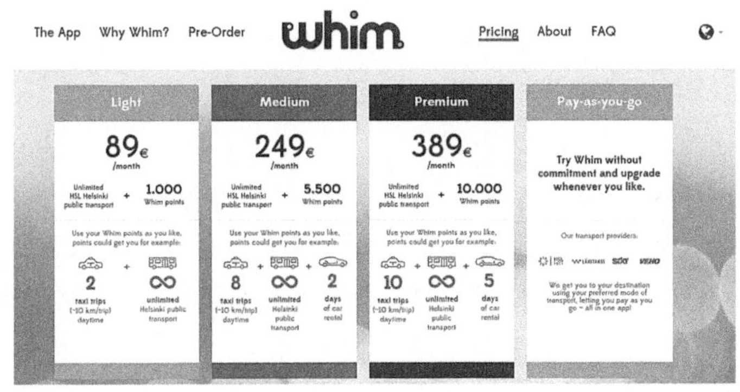

图 4-3 Whim App 界面

2. 德国

(1)Moovel Group。戴姆勒旗下的全资子公司 Moovel Group 创建了一款城市移动出行用操作系统,可访问多款移动出行服务,实现数字化、互联化及按需服务。该公司还将展示其移动应用及按需(On-demand)产品。Moovel 的产品是新款移动出行服务,其采用先进算法,提供智能行程管理,可持续对行驶路径进行再计算,并实现交通数据的实时更新。

(2)德国汉堡实施的"Switchh 计划"是 MaaS 系统的典范。"Switchh 计划"包含了一个应用程序 App 和智能卡访问系统,用户刷卡即可访问汉堡内所有的交通方式。汉堡的运输协会(Hamburg Transport Association,HTA)是这项计划最关键的运营商,同时 HTA 也负责当地公共交通系统的管理。订购了"Switchh"的用户,除了 HTA 以外,也能使用其他运营商提供的交通服务,如 Car2go(共享汽车)、Stadtrad(共享自行车)和 Europcar 租车。除此之外,在德国,政府计划出台一项包含了全国所有交通模式的"Qixxit"方案。该方案整合了轨道交通、城市公共交通、汽车共享、汽车租赁、公共自行车、公共出租汽车甚至飞机。通过其对应的智能 App 系统,出行者可以享受出行计划、出行预订、实时信息和个性化出行建议等服务。与以往相似的出行计划服务不同的点在于,该方案属于 MaaS 系统,采用了共享交通、支付一体和 ITS 技术。

BeMobility 是德国柏林的 MaaS 系统,相比起汉堡的 MaaS 项目,它的特别之处在于将电动汽车、混合动力电动汽车投入共享汽车,然后再与公共交通结合起来服务于出行者。BeMobility 分为第一阶段和第二阶段。第一阶段已经实行,结果显示,电动汽车、混合动力电动汽车以共享模式与公交结合之后,受到了出行者的欢迎。第二阶段仍在研究当中,设计者计划开发一个智能手机应用平台作为出行者访问和支付 BeMobility 的媒介。

3. 瑞士

瑞士公司 Axon Vibe 推出的 MaaS 平台,将采用基于定位的语境系统(contextual system),可探查并预判用户行为。公共交通运营方采用该技术,为用户提供门到门(door to door)、多种方式联动及按需出行等多项服务。该平台还提供智能旅行助手、无缝订票及辅助收入分析等服务。

4. 美国

(1)美国 Bridj 是一个随需应变的供通勤者使用的智能手机应用,它可以让出行者在上下班时间乘坐穿梭公交车。它有不同的出行方式供出行者选择,并且可以根据乘客需求预订情况优化上客点、下客点、制定线路,这意味着相对于传统公交线路,Bridj 提供的运行线路运输效率可提高 40% ~60%。

(2)2013 年在拉斯维加斯发展起来的 SHIFT,有着非常独特的 MaaS 经营模式,是高度整合的出行服务机构。它把全拉斯维加斯市所有交通方式都归到自己公司名下,以单独的一个运营商进行经营。目前提供的交通服务包含公共汽车、共享单车、共享汽车、汽车租赁以及代驾服务。SHIFT 对 ITS 技术依赖较强,用户仅需在出行规划工具中选择目的地,SHIFT 即可为其规划线路并推荐交通方式。SHIFT 依据用户每个月的出行时间,对出行者进行了级别分类,然后有针对性地提供信息推送。当前 SHIFT 是独一无二的,它与前面的 MaaS 系统相比,提供了一个全新的商业模式。此外,SHIFT 采用的所有汽车均是电动汽车,表明 SHIFT 坚定地走可持续交通的决心。

5. 法国

EMMA 系统是法国蒙彼利埃的一个个性化综合运输平台,包含了该城市的公交运营系统,共享自行车系统和共享汽车系统。用户可以订购包年/包月的出行合同,来享用 EMMA 提供的服务。这样的出行合同针对不同年龄段的出行者有不同的收费标准。EMMA 系统同时也为出行者提供在线出行规划和实时交通信息,“EMMA 卡”是唯一能访问所有服务的密钥。同时,EMMA 与蒙彼利埃的汽车共享服务进行了合作，提供可订购的多模式联运服务。其不足点在于：EMMA 的包年/包月用户，可以免费使用城市的公共交通，也可以免费使用汽车和自行车的停车场，但针对 Velomagg 共享单车和 Modulauto 共享汽车用户，仅可以访问，若想使用需要支付额外费用。

法国里昂政府正在研究与智能交通系统结合的 MaaS 项目——Optimod'Lyon 计划。它的目的是提供一个无缝衔接的城市交通系统，以减少里昂的私家车数量。该计划的蓝图包含了连接各种运输模式的实时交通信息系统、智能票务系统和电子收费系统，用户仅通过一个平台就能访问全市各种交通服务。

（二）国内研究现状

MaaS 在我国应用前景十分广阔，无论是城市管理者还是市场运营主体，都在不断探索创新模式，努力创造新的价值，让交通和出行更加智慧、更加绿色。本书以北京、深圳为例进行介绍。

1. 北京

2019 年 7 月 25 日交通运输部将出行即服务（MaaS）发展理念首次纳入《数字交通发展规划纲要》。倡导“出行即服务（MaaS）”理念，以数据衔接出行需求与服务资源，使出行成为一种按需获取的即时服务，让出行更简单。打造旅客出行与公务商务、购物消费、休闲娱乐相互渗透的“智能移动空间”，带来全新出行体验。推动“互联网＋”便捷交通发展，鼓励和规范发展定制公交、智能停车、智能公交、汽车维修、网络预约出租车、互联网租赁自行车、小微型客车分时租赁等城市出行服务新业态。

2019 年 9 月 19 日，中共中央、国务院印发了《交通强国建设纲要》，提出“大力发展共享交通，打造基于移动智能终端技术的服务系统，实现出行即服务（MaaS）”。这进一步明确了出行即服务发展模式在我国未来运输服务领域中的发展定位。

2019 年 11 月 4 日，北京市交通委员会与阿里巴巴旗下高德地图签订战略合作框架协议，共同启动了北京交通绿色出行一体化服务平台。双方采用政企合作模式，共享融合交通大数据，依托最新升级的高德地图 App，打造北京 MaaS 平台，为市民提供整合多种交通方式的一体化、全流程的智慧出行服务，高德地图也从驾车导航工具升级为综合出行服务平台，积极倡导和推动市民绿色出行。

北京 MaaS 平台是国内首个落地实施的一体化出行平台应用试点，同时也是国际上首个超千万级用户的 MaaS 服务平台。北京 MaaS 平台整合了公交、地铁、市郊铁路、步行、骑行、网约车、航空、铁路、长途客车、自驾等全品类的交通出行服务，能够为市民提供行前智慧决策、行中全程引导、行后绿色激励等全流程、一站式“门到门”的出行智能诱导以及城际出行全过程规划服务。通过这个平台基本可以解决市民的日常出行服务问题。

在出行前，市民通过北京 MaaS 平台可以获取非常全面的出行信息，例如路上堵不堵、何时最顺畅、公交有什么路线、地铁挤不挤、步行远不远、打车贵不贵等，从而做出最佳的出行计划。该平台还为公交用户提供了“地铁优先、步行少、换乘少、时间短”等多种出行规划建议，市民横向滑动即可切换不同的偏好选择。

北京 MaaS 平台还通过北京交通行业大数据平台接入了众多权威的交通动态数据，上线了实时公交、地铁拥挤度等服务。目前，实时公交已覆盖全市超过 95% 的公交线路，实时信息匹配准确率超过 97%，全市所有地铁站点当前的拥挤情况也可实时在线查询。北京市民通过最新版高德地图，就可以直观便捷地查看公交车的实时位置，掌握车辆还有几站以及几分钟到达，避免焦急等待，极大地提升了绿色出行体验。北京 MaaS 系统界面如图 4-4 所示。

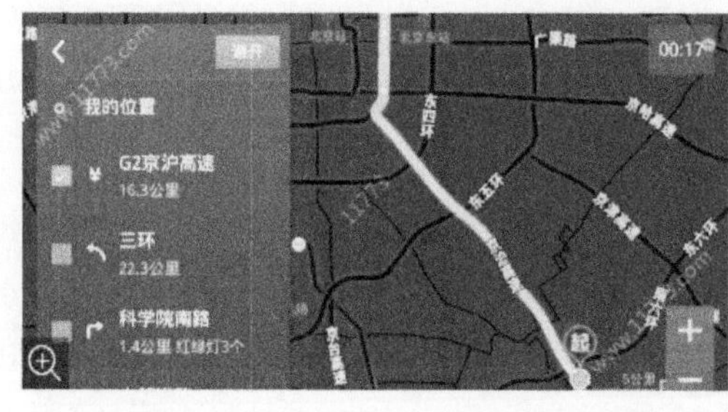

图 4-4 MaaS 系统界面(北京)

2. 深圳

深圳 MaaS 具体工作可分为两个方面：一是政府指导，政府从政策、制度以及跟企业的关系上，能够给予更多的支持，包括在线网规划、运输的政策方面。二是运输企业、科技企业也都参与其中。总体来说，希望通过服务、信息两方面的整合,把大中小的各种交通方式集合在一起,同时在政府指导下通过支付方式的整合,形成一套完整的 MaaS 体系,为市民提供一体化的出行思路,如图 4-5 所示。

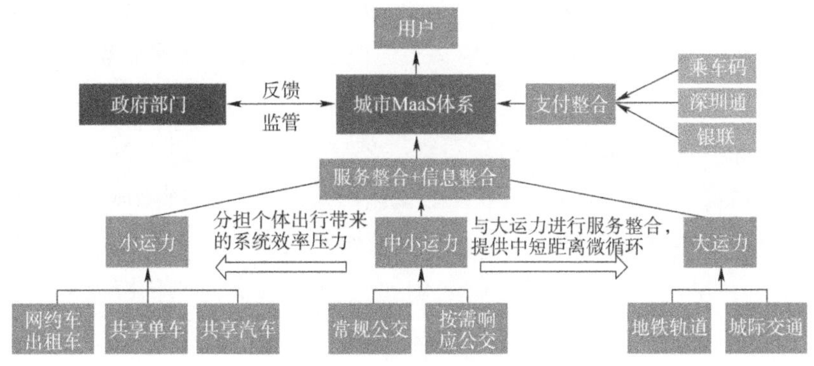

图 4-5　城市 MaaS 体系(深圳)

技术方面思路是通过两个系统提供支撑:一个是离线系统,一个是实时在线系统。离线系统就是通过以大数据为基础,对整个城市交通运行状况进行预测,例如预测第二天要服务的片区、通道、廊道上的整体交通运行状况,第二天提供服务的模式和半固定的线路应该找哪些,提供服务的车辆要提前一天做好安排。在第二天提供具体服务的过程中,对于不断变化的需求实现动态响应,例如调度算法等,并评判不同需求情况下的服务效果,配置实时在线的仿真系统进行方案评估,如图 4-6 所示。

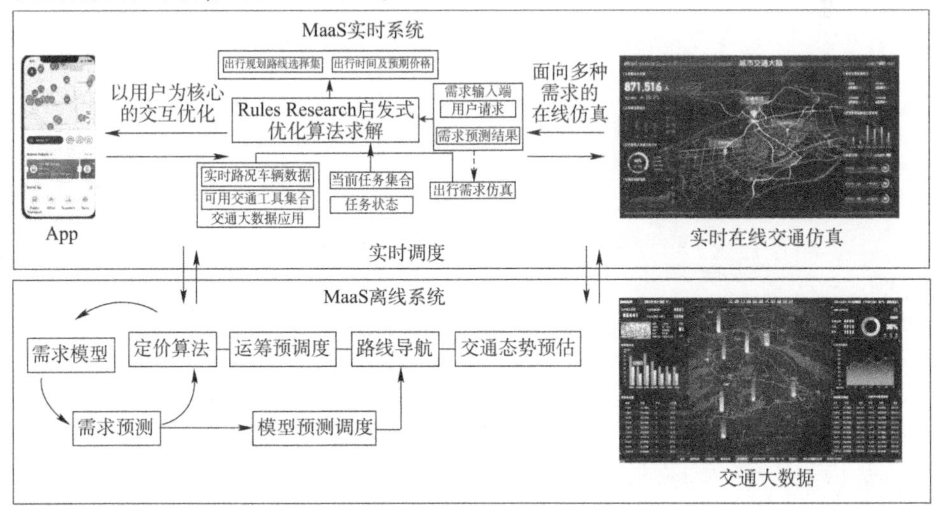

图 4-6　MaaS 技术支撑(深圳)

下文介绍深圳科技生态园的 MaaS 试点工作：

2019 年 3 月份，在深圳科技生态园开展了 MaaS 试点工作。科技生态园是深圳的高科技园区，园区内建有 10 栋楼，目前入驻了 6 万人。

其存在的问题为大规模的岗位集中地没有轨道交通提供服务，导致交通压力非常大。园区早期规划是一个低密度开发周期，但是深圳近年发展非常快，所以园区规划有了大规模的调整，而轨道交通建设并未跟进。科技生态园距最近的地铁站步行需要 17min，从最近地铁站出站后，由于共享单车的不足，导致多数出行者必须以步行的方式到达园区工作场所，因此，无论是步行还是使用共享单车，在早高峰的时候通勤时间长、出行体验差。对出行数据进行统计后发现附近地铁站的客流量非常高，且这些乘客多从事高新技术行业，对交通出行品质要求比较高。开展乘客服务价格(免费、1 元、2 元、3 元)意向调查时发现即使一点多公里的衔接距离收费 4 元，60% 的乘客依然选择地铁出行，可见，大部分乘客对于出行的服务水平需求是第一位的，票价的考虑是第二位的。问题总结如图 4-7 所示。

结合出行即服务后提供的方案如下：开通 3 条公交线路，分别连接 2 个较近的地铁站和 1 个距园区比较远的地铁站，固定线路而不固定车辆。乘客出行前可以提前预约车辆，车辆是动态调配的，根据预约的人数和时间自动匹配车辆和线路，乘客基本上在出地铁站后乘坐前往公司的接驳车，如图 4-8 所示。

1. 步行
   - ◆ 时间较长
   - ◆ 雨天、高温下出行体验差
   - ◆ 步行人数较多，拥挤
2. 骑行
   - ◆ 共享单车早晚高峰“一车难寻”
   - ◆ 大量共享单车的停放，对园区周边的交通环境造成极大负面影响
3. 其他
   - ◆ 高新园、科苑地铁站出入站拥堵，排队时间长
   - ◆ 周边其他地铁站距离较远，不在步行范围内

图 4-7　深圳科技生态园存在问题

◆ 运营时间：8:10—9:30

◆ 投入车辆：6辆车

◆ 目前开通了3条的线路：

线路K1：地铁1号线 高新园地铁站

线路K2：地铁2号线 科苑地铁站

线路K3：地铁9、11号线 红树湾南地铁站

图 4-8　深圳科技生态园改造方案

线路开通后开发了一个出行小程序，乘客使用微信就可预约乘车，扫码即

可，非常方便。线路的服务状况非常好，利用率水平高，园区共有 4 万人左右，用户达 6000 人左右，且用户黏性比较高，改善了园区周边交通秩序。

三 MaaS 系统构成

（一）平台架构

MaaS 平台架构在横向上分为数据源层、基础设施服务（IaaS）层、平台服务（PaaS）层和行业应用（SaaS）层，如图 4-9 所示。

图 4-9　MaaS 平台总体架构

数据源层通过采集路网数据、运输设备 GPS 数据以及互联网的其他相关数据（停车数据等），将其汇聚接入云计算平台，为云计算平台提供基础数据支撑；IaaS 基础设施服务层将服务器、存储、网络等资源进行整合，进行统一的、集中的运维和管理；PaaS 平台服务层包括外部支撑平台与智能交通应用支撑平台；SaaS 行业应用层包括出行规划、出行服务接口、支付系统、信息服务、运营分析、手机 App 等多个应用系统；客户端通过互联网、微信以及手机 App 向普通民众提供交通行业执法相关的各种服务。

（二）关键属性

目前存在的 MaaS 平台能够支持多种交通方式联运模式，其中包含了共享汽车（car-sharing）、汽车租赁（car rental）、共享单车（bike-sharing）、共享停车（park-sharing）、地铁、公交车、出租汽车等。通过预订系统、快捷方便的支付软件，获取实时路况信息，MaaS 用户能根据自己的需求来购买合适的出行服务。在联合各类运输模式的基础之上，MaaS 系统的构成有八大关键属性。这些属性都与互联网密切相关，其中一半与用户体验有关，即无缝衔接的个性化出行、以生活为中心的定价、优化出行、增值服务一体化；另一半则与技术流程相关，即一体化支付、开放数据及研究、即插即用、产品与服务相协调。其中停车共享即通过对停车位资源优化整合，将一处停车场服务于相邻地点的 2 个或多个用地，以满足不同出行目的对停车位的需求。北京市将备案停车位分为路侧占道、立交桥下、路外公共、公建配建、单位大院、居住小区和其他 6 种类型，各类停车位数量占比如图 4-10 所示，数据表明，居住小区类的停车位占比均超过 50%，是停车位供给最多的用地类型。而居住区车辆的潮汐出行特征使得小区停车位在白天工作时间出现明显闲置，因此，充分利用居住区白天空闲的停车资源，实施居住区停车位共享不仅可以提高居住区停车位的利用率，也是缓解城市停车难问题的一种思路，能够部分缓解在 MaaS 系统应用下共享汽车停放带来的停车位紧张问题。

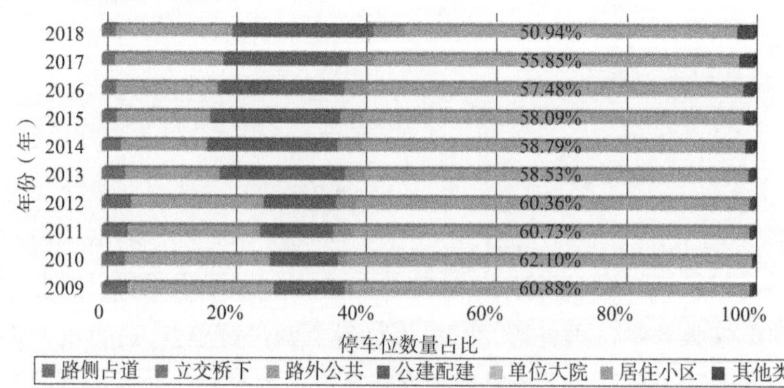

图 4-10　北京市各类停车位数量占比

（三）关键技术

目前，在大多数城市已经实施的共享交通服务中，各种运输模式单独运营，每种模式有着自己的票务、付款、预订和移动应用程序，大大降低了出行者在不同出行模式之间转换使用的效率。MaaS 系统的规划师们意识到，为了充分利用共享交通，各模式之间的合作是必要的。居民对现代化的出行要求具备灵活性、便利性和高效性。这一目标可以通过一体化技术实现。一体化技术能消除以前各种不同交通模式之间的阻碍，实现无缝出行。在 MaaS 的高级系统中，一体化技术甚至能让出行者在不使用私家车的情况下，随时随地访问城市的各个区域。MaaS 系统的一体化主要由以下 7 项关键技术构成。

1. 共享交通技术

共享交通技术是指出行者不再需要购买交通工具，对供应商提供的交通工具只有使用权，而没有所有权。

2. 票务一体化技术

票务一体化技术是指使用一张智能卡就可以访问所有交通服务模式。

3. 支付一体化技术

支付一体化是指用户通过一个账户进行付费，是整合各类交通运输模式最基本的要素，通过智能卡技术实现。传统 IC 卡技术，具有沉淀资金、退卡难、覆盖面窄、便捷性较差、跨区域技术实现复杂等问题，一定程度上影响了综合交通运输体系的协同发展。支付一体化让用户只需要一张智能卡就可以获得所有交通服务，并且通过一个账户即可支付这些服务，MaaS 系统后台自动结算给不同的运输运营商。一般而言，访问和支付一项交通服务是同时发生的，但目前已经实行的 MaaS 系统并没有实现完全的支付整合，在特殊情况下，出行者可以购买和支付不需要智能卡的交通服务（如通过支付现金乘坐公交车），也可以使用智能卡仅访问交通服务，但需要针对不同的运营商进行单独支付（如单独支付共享单车）。

4. ICT 一体化技术

信息和通信技术（Information and Communication Technology，ICT）一体化技术只需要一个应用程序或在线接口就可以访问所有交通服务模式的相关信息。ICT 技术是电信服务、信息服务、IT 服务及应用的有机结合。该集成技术主要用于让客户只使用一个平台或应用程序即可访问所有交通模式的信息。它能使出行者提前预订所需的交通服务，并在途中告知用户实时信息。

5. 供应商一体化技术

供应商一体化技术是指由单一的公司进行所有出行模式交通服务的提供和管理。

6. 定制的个性化服务

定制的个性化服务是指根据出行者需求生成出行解决方案,出行者可选择预订这种方案。

7. 共享停车技术

共享停车技术是指在共享停车位终端平台上,用户可完成以下操作。

(1)定位:服务定位用户当前的位置,并列表显示用户所在位置附近的共享停车位站点。

(2)搜索:用户可以在任意地理位置搜索任意位置附近的共享停车位站点,方便出行。

(3)个人信息查询:用户可以通过注册时登记的用户名密码,通过手机查询自己的停车位或使用过停车位的历史记录。

(4)信息发布:停车位业主或者停车场可通过平台将停车位的闲置时段发布出来,而在该时间段有停车需求的车主可预约并有偿使用,业主或停车场可获得一定的收益。

(5)授权分享:车主可在后台操作授权分享功能,将自己的停车位授权需求者,实现一台停车位供多人使用,闲置时段错时停放。

(6)预约停车位:当停车位需求者在某一地段有停车位需求时,可提前预订空闲停车位,避免无停车位可停或者需要寻找停车位的窘境。

(7)指引导航:精准地图索引,具有导航功能,通过接入各类导航地图,自动生成最近导航路线,并有语音提示,以便于车主能更准确地找到停车位入口。

(8)信誉积累:实行注册用户信用评价体系,根据不同开放需求设置不同共享级别,并对双方用户进行全过程行为监管。

(9)结算以及惩罚机制:停车位共享成功使用后,根据时间长短自动结算使用费用,停车位车主、物业、平台按照规定分成。若使用者超过预定时间,则启动惩罚机制,并扣除信用积分,这将影响使用者今后的使用费用和权限。停车计时结束,将会生成费用提示弹出框,用户点击则可进入支付界面,选择支付方式进行付款。

(10)超时提醒服务:用户在软件上登录并绑定账号后,从用户借车即开始计时,在免费时间即将到达前通知用户及时挪车或续时。

(11)共享停车位后台功能系统:对停车位的财务、停车位权限,数据汇总分析,广告投放等进行管理的系统。其中,服务器管理可以对共享停车锁站点数据进行监控,具有强交互性。用户管理模块对注册会员进行数据、收集、管理、使用率分析,结算报表等,实时反馈采集信息,保证数据可靠性、时效性。设备管理模块可以查询某个区域的车锁设备或者管理的工作、使用情况,监测停车位状态信息,主要参数报警功能(故障、停放率、撞击、非法停车等),通知管理人员,根据实际情况进行调度。全自动感应式装置通常通过支持手机蓝牙 App 遥控双模式,将感应器连接至点烟器上,到停车位锁附近进行遥控器配对,支持手机蓝牙,车来解锁,车走上锁。

四　MaaS 应用系统方案

MaaS 应用系统包括出行规划系统、出行服务接口服务系统、出行无障碍服务系统、附加服务系统、支付系统、信用评价系统 6 大系统。

(一)出行规划系统

1. 服务流程分析

MaaS 平台提供手机 App 为用户使用,同时用户也可在网页端进行操作,能够实现多种交通方式的联合使用,其中包含了地面公交车、共享汽车、共享单车、共享停车、地铁、出租汽车和网约车等。通过该系统可实现行程预订,快捷方便地支付,获取实时路况信息,MaaS 用户能根据自己的需求来购买合适的出行服务,实现出行全过程的无缝衔接。

MaaS 平台的使用主要包含以下几个步骤:

(1)注册并选择出行服务模式:理论上,MaaS 平台注册只限于成年人,对于未成年人,需要限定出行模式。通过填写年龄、性别、家庭状况、健康状况、是否残疾、是否有驾驶证、驾龄等相关信息,让平台了解出行者偏好。出行服务模式指出行服务是按次收费还是按月等模式的收费。

(2)预订:预订系统是出行者和运营商都会参与的平台,用户只需一键预订,不同的运营商便会收到订单信息,用户无须因为一次出行包含不同交通模式的服务而多次下单。

(3)行程规划:一旦用户注册成功并选择了相应出行服务模式,MaaS 平台便会要求用户选择出发地和目的地并填写相应信息(如可接受等待时间、出行预算、偏好的出行模式等)。平台会根据相关出行信息将行程进行分解并制订出行计划供其选择。

(4)支付服务:MaaS 平台支持一键式付款,用户仅需一次支付即可完成全程多种交通方式的费用支付,平台的付费模式相当灵活,用户可以按月或年提前预存,也可实时支付。

(5)使用出行服务:当用户在开始享受出行服务时,用户只需一个账户即可随时访问各种交通模式。

(6)信用评价:用户与平台在出行服务结束后将进行互相评价,为用户及运输服务供应商建立信用评价体系。

2. 行程预订

行程预订是 MaaS 平台最基础的功能,预订系统集成了所有可用的运输供应商,因此,不再需要用户单独与不同运营商进行预订。

当用户的行程中出现了需要预定的运输方式,如定制公交、自动驾驶车辆、出租汽车、共享汽车,系统 App 内提供"预订"按钮,用户可以在其中预订他们的旅程。不同运输方式的时间和价格都呈现给用户,以便他们做出决定。其中包含停车位,根据客户需求,如价格、步行可接受范围、停放时长等,寻找目的地附近合适的停车场,在停车预约系统中完成这一环节的预订。

用户行程预订后,系统将用户行程进行分解,并分别向各运输服务商提交订单,进行预约。接收各阶段预订信息并整合反馈给用户,无问题则提示预订成功,并向用户展示行程具体流程;若其中某一阶段或多阶段服务预订失败,则为用户发送提示信息并提供备选方案。

3. 行程分解与寻订

出行用户向 App 输入出发地、目的地等基本信息和优选持续时间、预算和模式等高级信息,MaaS 平台将根据用户提供的旅行信息将行程进行分解,每一个阶段的行程都提供可用的出行服务供用户选择,并对路线选项进行相应的排序,匹配最适合用户的路线。出行计划可选的运输方式包括地面公交车、无人驾驶车辆、出租汽车、网约车、轨道交通、共享单车、共享汽车、民航、铁路、长途客运等。

对于具有多个运营商的出行服务，行程计划能够基于用户的个人数据推荐“最佳”选项，但同时保持其他选项可见。行程计划提供交互式地图，为所有站点提供全面的位置信息覆盖。用户可以被告知到特定站点的距离、持续时间和方向。

在出行规划和出行进行阶段，用户可以了解实时交通状况。系统将提供可行的替代模式或路线的建议，以应对任何延误、取消和其他意外中断的风险，以便维持运输效率。

系统与在线地图进行集成，针对地图的 API 接口进行二次开发，将地图的行程规划功能与换乘功能集成在系统中，实现行程规划功能。包括以下几方面：

(1)能够根据用户出行需求进行路径规划，支持用户自主选择出行方式(自驾、共享交通)，可根据不同的关注点(如时间短、消费少、换乘少等)，进行路径的选择与自动切换。

(2)针对公共交通出行，系统自动提供轨道交通、客运、公交车、网约车等换乘信息。

(3)针对共享汽车的需求，系统自动提供车辆取送地点、租赁费用、行车路径、行车里程、行程时间、通行费用、公路路况、天气状况、充电站等信息。

针对城际交通出行，系统自动提供民航航班、铁路车次、长途客运班次及相应的站点信息。

4. 行程确认

根据分解的各个行程段的规划与预订信息，行程总体的方案，包括路线、交通方式、换乘地点、行程时间和费用等，统一展现给出行者，由出行者确认后提交。成功完成预订服务后，将全部行程单一并发给出行者。

(二)出行服务接口服务系统

MaaS 平台的高度一体化需要城市及城际所有运输服务供应商之间的合作来实现，其中城市运输包含了地面公交、轨道交通，出租汽车/网约车、共享单车、共享汽车；城际运输包含了民航，铁路及长途客运等。为了使出行实现无缝衔接,各个模式的交通服务供应商需要和 MaaS 平台签订合同,在能提供出行服务的同时提供相关资料。MaaS 平台主要接口如图 4-11 所示。

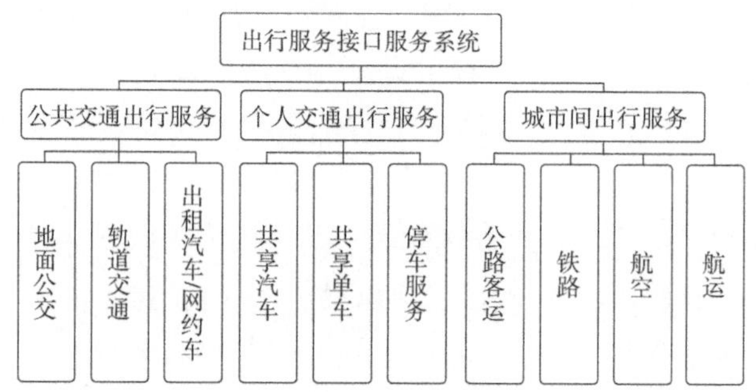

图 4-11　出行即服务平台主要接口

1. 公共交通出行服务接口

(1)地面公交服务。

地面公交不仅是单一的常规公交线路,还包括日班、夜班、社区地铁接驳线、高峰快线、商务专线、节假日专线、旅游观光线等多种响应式公交服务。多种公交运行方式通过运行时间接驳协同、运量运力协同,实现干支线协同、快普线协同。通过预约公交服务,乘客可体验“发起需求、订购座位、在线支付”一站式服务。地面公交接口提供运营时间表、提供价格信息、提供站点位置。

(2)轨道交通服务。

轨道交通作为大运量、快速准时、集约高效的公共交通方式,弥补了地面公交运量短缺的短板。轨道交通接口提供运营时间表、价格信息、站点位置。

(3)出租汽车/网约车服务。

出租汽车/网约车接口结合用户定位信息,可提供价格信息、车辆信息、预订信息、车辆类型方面的信息(如对电动车辆的奖励信息)、特殊服务的相关信息(如停车服务)。

2. 个人交通出行服务接口

(1)共享单车服务。

共享单车灵活性强、排放低、支出少、可减少拥堵和能源消耗,有利于解决公共交通“最后一公里”衔接问题,支持多种交通方式换乘。系统与共享单车平台进行对接,共享单车接口提供价格信息、停放点位置和可用车辆信息、健康信息(如热量消耗、排放减少信息)。

(2)共享汽车服务。

共享汽车可满足多人次出行且对于出行舒适度及效率要求较高的用户,共享汽车接口提供注册的要求、价格信息、车辆信息、预订信息、车辆停放点及可用车辆信息、可持续方面的信息(如对电动车辆的奖励信息)、特殊服务的相关信息(如单向服务)。

(3)智能停车服务。

停车位变化数据通过无线公用通信网络由停车诱导系统进行传送,经过停车诱导控制系统进行处理,生成对应各停车场的空余停车位数据,并对相应信息显示牌进行划分。对应停车场的空余停车位数据再通过无线通信网络,下达到相应信息显示牌显示空余停车位,从而在用户选择共享汽车自驾新能源车辆服务时,为用户提供停靠点停车位信息(如停车场位置、数量、规模、空余停车位、是否有人工服务);若停靠点停车位已满且无人工服务,则在出行服务预订时提示用户。

3. 城市间出行服务接口

(1)民航信息服务。

凭借其运行速度快、舒适度高的优势,乘坐飞机出行一般被当作中远途出行的首选方案,系统接入各大航空公司票务系统,为用户提供航班时刻表、价格信息及余票情况、乘员定额、航班型号等信息。

(2)铁路信息服务。

铁路具有准点率高、覆盖面广、价格亲民、出行便捷等优势,尤其是高速铁路近年来快速发展,已成为中近距离出行优先考虑的方式。系统接入铁路售票系统,为用户提供列车时刻表、车次信息、车型信息、余票信息等。

(3)长途客运信息服务。

长途客运在部分中小城市及区县的中短途出行可作为铁路及民航的补充方式。系统接入长途客运售票系统,为用户提供车次时刻表、余票信息、车辆信息等。

(4)航运信息服务。

部分船舶通航地区需要接入航运票务信息系统为用户提供相关服务,信息主要包含航运班次信息、船舶信息、余票信息等。

(三)出行无障碍服务系统

出行无障碍服务旨在为残障人士提供更有针对性的出行信息服务,推动信息无障碍智能创新,彰显人道主义情怀,实现真正的出行无障碍。

1. 电子导盲

采集区域内盲道建设情况,在重点地区铺设特定图案的盲道砖,并导入高精度地图内,通过图像识别技术实现周围地理信息精准识别和导航。视障人士可全程通过语音控制进行操作,系统则通过语音及振动等方式为其提供导航服务,可提供公共交通、出租汽车乘落点、车辆到达时间以及道路交通情况等出行信息。

图 4-12 电子导盲

结合移动互联网和智能手机的视频、语音等基本功能,视障人士通过手机摄像头将面前需要辨认的,或者需要阅读的东西拍下来,发出需求后,发送通知给助盲志愿者,志愿者可在第一时间通过视频聊天的方式为其辨认镜头前"看不到的问题"。电子导盲情景展示如图 4-12 所示。

2. 轮椅无障碍导航

MaaS 系统提供区内搜索、查找和标记服务,显示轮椅容易通过的地点,结合轮椅通行地点和相关通行情况来进行导航。这些信息在地图中通过四种颜色区分,残障人士服务地图轮椅导航示意如图 4-13 所示。

绿色:轮椅无障碍。入口和地点附近无台阶,卫生间无障碍。

橙色:部分轮椅无障碍。入口有一阶台阶,大部分地方没有台阶,无法以轮椅进入卫生间。

红色:轮椅有障碍。入口有阶梯,附近不方便轮椅进入。

灰色:未知状态,需要后续补充信息。

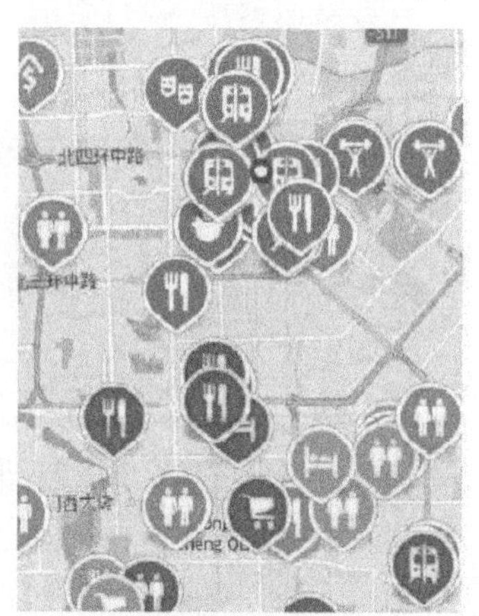

图 4-13 残障人士服务地图轮椅导航示意图

3. 电子围栏

该功能使用户随时随地准确定位,可预防残

障人士意外走失。定位器系统与手机连接后，在运营商网络覆盖的地区就知道身在何处。通过24h不间断统计分析地理信息，让监护人随时了解被监护人的精确位置，被监护人离开监护人最大距离或超出正常活动范围时，自动将报警信号和地理坐标位置推送给监护人，使监护人能够及时采取应对措施。

（四）附加服务系统

附加服务系统可为用户提供出行地区的住宿、餐饮、购物及旅游等服务支持。

1. 餐饮

用户可以预订行程中餐馆的餐位并点餐，系统根据到达时间向餐馆提交订单，用户到达后即可直接用餐，节约在途时间。

2. 购物

系统接入行程途经地点的线上购物平台及线下商场，满足用户的购物需求。

3. 住宿

用户可以预订行程中转地的酒店，到店凭订单号或二维码等凭证录入个人信息即可快速入住。

4. 旅游

旅游服务支持景区信息、旅游资讯、旅游攻略等内容的发布，使用户在出行之余可体会当地的人文及自然景观。用户可以预订行程中景点，凭订单号或二维码等凭证录入个人信息即可进入景区游览。

（五）支付系统

用户需要在系统内注册账户来获取运输服务，通过整合各类交通运输模式，让用户只需要一次点击就可以选取所有交通服务，并且通过一个账户即可支付这些服务。MaaS系统后台自动将费用支付给不同的运输服务提供者。

1. 智能售票

对于城区内的出行系统，包括共享汽车、共享单车、共享停车、地铁、出租汽车和网约车的出行服务，智能手机App作为访问出行服务的通用票据。对于跨区域出行的乘客，系统对民航、铁路、客运站的资源进行整合或通过网页嵌入的方式向乘客提供购票服务。通过链接航班、汽车、船运等售票平台或第三方平台或 WEB 嵌入,实时获取班次、余票信息,用户可根据行程进行查询,并进行购票。

2. 一键支付

平台将接入各大银行的支付接口以及支付宝、微信等第三方支付平台。支持用户现收现付以及在账户内充值购买出行套餐两种支付方式。如果用户购买了出行套餐,并且出行计划包括在他们的套餐中,那么在使用时他们不必支付任何费用。如果用户没有购买预付费出行套餐,或者超出他们的出行套餐价格,根据服务类型,通过使用现收现付服务,每次使用时将支付相应金额。

3. 分账

出行结束出行者完成支付后,根据与合作商的协议,完成费用分账并自动支付各合作商的费用。

(六)信用评价系统

1. 信用评价体系

用户出行后,使用 App 对运输产品或者运输工具所提供的服务进行评价,评价自动计入运输服务商的信用评价记录中。

同时,系统可以对用户的诚信度和行为进行评价,系统自动记录用户的诚信记录。对信用好的用户可以进行各类奖励。

2. 信用评分

出行者可对出行的各个行程服务质量进行评分,系统自动将评分纳入各个行程段相关服务商的应用记录。

系统同时也可以对出行者的信用进行评分,纳入出行者的信用记录。

3. 优惠激励

实行账户积分激励策略,账户会员可享有完成运输服务的积分激励,依据一次行程服务的时长、里程、运输工具、金额给予账户积分累计。平台账户会员分享服务、邀请新会员加入也会有积分激励,积分可换购平台服务和商品。

4. 投诉管理

出行者可以投诉出行服务商,平台需要及时联系双方进行处理,并将结果反馈给出行者,系统同时将投诉记录在案。

五　MaaS 系统运营模式

MaaS 的商业模式发展包括了单模式和多模式出行、增值服务、创新产品、定价模型以及实时规划服务。目前 MaaS 系统的主要不足在于一体化支付不够全面和门到门的出行规划未能达到多模式的无缝衔接。政府参与 MaaS 系统将是克服这些缺点的关键。虽然部分决策者怀疑 MaaS 仅仅是某些大企业在出行领域进行的一项投资,但 MaaS 系统已呈现出突破性的产品报价和成本结构的商业模式,影响了出行者(消费者)的决策和期望,这将对出行服务的交付产生不可磨灭的影响。

(一)运营模式——供应商方面

MaaS 系统的高度一体化需要城市所有运输服务供应商之间的合作来实现,其中包含了公共交通、铁路、共享单车、共享汽车、共乘出租汽车等。为了使得出行实现无缝衔接,各个模式的交通服务供应商需要和 MaaS 平台签订合同,在能提供出行服务的同时履行相关义务。此外,运营商还必须提供一些基本信息(例如公共交通的运营时刻表,共享汽车的可用车辆信息、位置信息和预订信息)来方便 MaaS 系统为顾客策划最优的选择。另外,一些特殊服务的信息,有助于 MaaS 系统迎合出行者的不同偏好,如是否为电动汽车(环境爱好者可能偏爱),在停车点是否有专人服务(很多共享汽车停车点没有停车位导致出行者不选择此种方式出行)。不同交通模式供应商履行义务清单见表 4-1。

不同交通模式供应商履行义务清单　　表 4-1

供应商	履行义务
公共交通	提供运营时间表
	提供价格信息
	提供站点位置
轨道交通	提供运营时间表
	提供价格信息
	提供预定信息
	提供站点位置

续上表

供应商	履行义务
共享单车	提供价格信息
	提供停放点位置和可用车辆信息
	提供健康信息(如热量消耗)
共享汽车	注册的要求
	提供价格信息
	提供车辆信息
	提供预定信息
	提供车辆停放点及可用车辆信息
	提供可持续交通方面的信息(如对电动车辆的奖励信息)
	提供特殊服务的相关信息(如单项服务)
出租汽车	提供价格信息
	提供车辆信息
	提供预定信息
	提供可持续交通方面的信息(如对电动车辆的奖励信息)
	提供特殊服务的相关信息(如停车服务)

(二)运营模式——出行者使用方面

MaaS 的使用主要包含以下 4 个步骤,构建的服务和功能如图 4-14 所示。

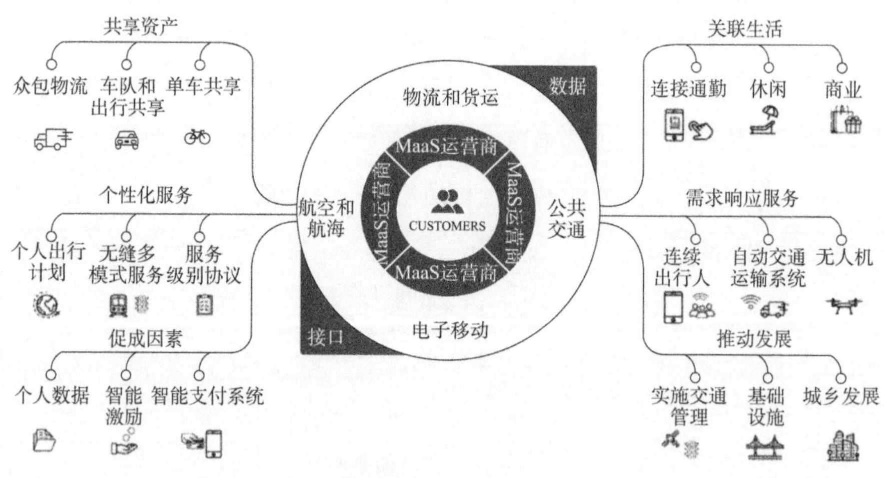

图 4-14　MaaS 围绕客户构建所有服务和功能

来源:LVM 交通通信部。

(1)注册并选择出行服务模式。

(2)出行规划。

(3)预订。

(4)使用 MaaS 服务。在此过程中,使用者通过 MaaS 系统可以享受“最少耗时停车、最短路径寻车”的绿色停车服务以及“无人值守、客观收费”的自动化停车。

六 基于 MaaS 的智慧停车管理平台建设需求

通过以上分析可以看出,MaaS 可以提高统筹公共交通和私营交通服务的能力,将是实现未来智慧出行的发展方向,因此,城市智慧停车管理平台作为 MaaS 的实现平台也需要从政府、企业(运营管理公司)、用户三个层面确定其需求,从而建设基于 MaaS 的智慧停车管理平台。

(一)政府层面

MaaS 面临的问题之一是采集运营车辆数据,改善出行服务,通过实时掌握车辆的定位、是否准时、共享交通的车辆状况等信息,以针对用户需求提供精准的、个性化的服务。因此,需要政府层面的智慧停车管理平台以服务与管理为核心需求。一方面,通过结合实时路况建设全市或区域型的三级引导系统,对停车场进行空余停车位的预测与发布;另一方面,由于存在分散的小型停车资源,政府在停车行业整体规划和发展中需要完善“无数据”“无模型”的停车资源,且在城市及交通规划过程中更为科学地规划停车资源。

(二)企业层面

MaaS 最大的功能在于整合不同的交通运营商,并建立强大的数据分析后台,协调相互之间的运营,因此,需要实时掌握各交通运营商的资源管理情况。利用智慧停车管理平台,运营管理公司能够对停车运营实施有效监管,包括:①系统监控,通过直观的 GIS 地图直观显示本停车场实时路边停车情况;②支持生成多种报表,为大数据分析提供完善的基础资料;③设备管理,前端运营设备状态实时监测,从而便于设备管理人员的管理维护,节省时间、提高效率;

④人员管理,实时记录巡检人员执法轨迹、处理违章数、所处位置,便于调度管理。

(三)用户层面

MaaS 基于出行者的成本和偏好,使得出行者能够便捷获得灵活、个性的“门到门”服务,因此,要求智慧停车管理平台准确把握用户出行需求,需要采集用户关于出行起终点、出行时间、出行方式等方面的数据。通过对智慧停车 App 多个维度的分析和对用户关于停车 App 满意度的分析,发现现有停车 App 存在的不足(非设计层面与设计层面);通过线上线下的用户访谈和用户模型与停车场景的构建,总结出用户在驾车出行停车时的四个场景(寻找停车位场景、停车场景、寻车场景和支付离开场景),得出了用户在四个场景中对停车 App 的关注功能点和设计期望点。停车 App 存在的不足及用户停车需求如图 4-15 所示。

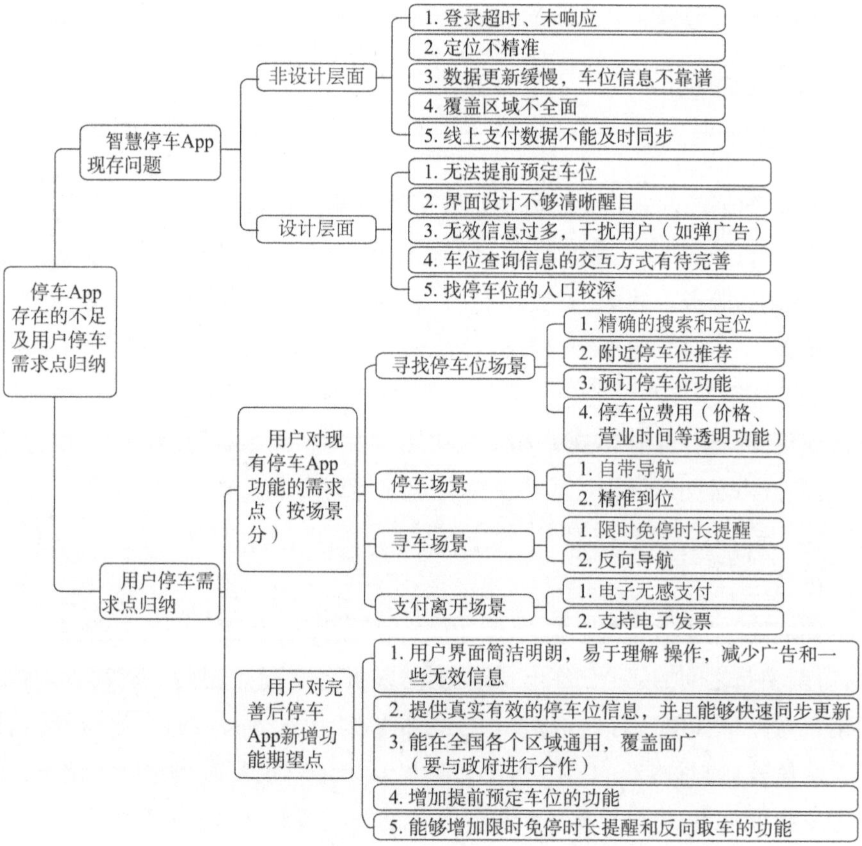

- 停车App存在的不足及用户停车需求点归纳
  - 智慧停车App现存问题
    - 非设计层面
      - 1. 登录超时、未响应
      - 2. 定位不精准
      - 3. 数据更新缓慢，车位信息不靠谱
      - 4. 覆盖区域不全面
      - 5. 线上支付数据不能及时同步
    - 设计层面
      - 1. 无法提前预定车位
      - 2. 界面设计不够清晰醒目
      - 3. 无效信息过多，干扰用户（如弹广告）
      - 4. 车位查询信息的交互方式有待完善
      - 5. 找停车位的入口较深
  - 用户停车需求点归纳
    - 用户对现有停车App功能的需求点（按场景分）
      - 寻找停车位场景
        - 1. 精确的搜索和定位
        - 2. 附近停车位推荐
        - 3. 预订停车位功能
        - 4. 停车位费用（价格、营业时间等透明功能）
      - 停车场景
        - 1. 自带导航
        - 2. 精准到位
      - 寻车场景
        - 1. 限时免停时长提醒
        - 2. 反向导航
      - 支付离开场景
        - 1. 电子无感支付
        - 2. 支持电子发票
    - 用户对完善后停车App新增功能期望点
      - 1. 用户界面简洁明朗，易于理解 操作，减少广告和一些无效信息
      - 2. 提供真实有效的停车位信息，并且能够快速同步更新
      - 3. 能在全国各个区域通用，覆盖面广（要与政府进行合作）
      - 4. 增加提前预定车位的功能
      - 5. 能够增加限时免停时长提醒和反向取车的功能

图 4-15　停车 App 存在的不足及用户停车需求归纳一览图

从停车 App 存在的不足及用户停车需求归纳一览图中可以看出，停车 App 存在的部分不足也正是用户所关心的功能点和停车需求点所在。

第二节　系统功能及平台性能要求分析

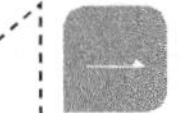

一　系统功能需求分析

系统功能需求分析也称系统的逻辑设计，它是系统设计中很重要的步骤，是设计整个系统的基础。构建系统功能框架图，要明确系统的使用对象和他们对系统的要求。通过查阅相关文献资料，停车管理系统的使用对象为三类，分别是政府、停车管理公司、用户，通过分析三方的需求，确定系统功能。

（一）政府需求分析

动态监管子系统实现对行业停车运行情况的动态监测和管理，主要有运行监测和综合研判分析 2 项功能要求。

1. 运行监测

（1）停车场库运行状况监测：流量及剩余停车位实时数据监测、多维查询、异常报警。

（2）占道停车运行状况监测：流量及剩余停车位实时数据监测、多维查询、异常报警。

（3）停车指标监测：区域指标监测、热点区域管理。

（4）指标数据管理。

（5）GIS 一张图管理：GIS 图层配置、GIS 常规功能、叠加分析、图形标绘、态势感知展现、动态查询、主题查询。

（6）停车资源编码管理：停车资源编码规则、停车资源编码维护、停车资源编码批量处理、停车资源编码导出。

2. 综合研判分析

支持利用实时和历史动静态数据针对特定停车场、特定区域、特定时段的停车特征指标进行数据分析。研判统计分析内容包括：停车资源使用态势预测分析、停车热点区域综合分析、交通流量 OD 分析、停车供需分析、停车特征与变化情况分析、停车位调节分析、停车指数分析。

(二)行业需求分析

1. 备案信息管理

备案信息管理包括备案企业管理,车场备案信息维护,定价信息管理,备案数据综合查询。

2. 停车场库运行数据台账

停车场库运行数据台账包括数据台账管理,综合查询,导出、打印功能。

3. 占道停车运行数据台账

占道停车运行数据台账包括数据台账管理,综合查询,导出、打印功能。

4. 停车管理员资质证书管理

停车管理员资质证书管理包括管理员证照管理、管理员资质查询。

5. 停车场考评管理

停车场考评管理包括考评指标设定、车场考核评价、考核统计、考核排名、成绩综合查询。

6. 停车服务名录管理

停车服务名录管理包括企业名录登记、社区名录登记、需求市场。

7. 行业培训管理

行业培训管理包括培训计划管理、课程管理、人员管理、教师管理、授课记录、参训人员记录。

8. 登记信息管理

登记信息管理包括支持按照停车场分类对非经营性停车场停车资源登记信息的管理,主要功能包括:登记信息申请、登记信息填报、登记信息审核、登记信息维护、登记信息综合查询、登记信息统计分析。

9. 居住区域认证管理

居住区域认证管理包括支持根据居住认证条件自动分配居民居住区周边可享受停车优惠价格的停车场、停车时段、价格等,主要功能包括:居住认证申请、居住认证信息填报、居住认证信息审核、居住认证信息维护、居住认证信息综合查询、居住认证信息统计分析。

10. 共享停车位管理

共享停车位管理包括通过建设共享停车位实现对共享停车位的分类管理，主要功能包括：停车位共享信息填报、停车位共享信息维护、停车位共享信息综合查询、停车位共享信息统计分析、共享停车位状态查询展示。

11. 停车企业巡查监管

停车企业巡查监管包括支持依据评价指标实现对经营性停车资源的巡查监管，主要功能包括：巡查监管人员管理、停车企业违规事件管理、巡查监管综合查询、违规事件统计分析、停车企业信用报告、停车企业信用排名。

12. 运行情况查询和统计

运行情况查询和统计包括支持对目标停车场当期运营情况、历史运行情况的查询及统计，统计结果支持以列表、图表的形式显示。统计内容如下：占道停车停车位实时统计、占道停车进出收费统计、停车场库停车位实时统计、停车场库进出车辆数据统计、行业运行情况统计、企业运行情况统计。

（三）用户需求分析

用户的需求通常表现为：简洁快速停车需求、标牌清晰指引需求、快捷出入通行需求、场内停车指引需求、停车优惠快捷到位需求、灵活快捷缴费需求、快捷找车定位需求等。

针对用户需求，通常需要开展需求调研，包括停车场功能需求调研、统一支付平台调研、停车场蓝牙反寻项目现场调研、不同区域智慧交通系统建设调研等。考虑到不同业主经营方式不同，需预留局部的定制开发功能，需要建立完善且开放的系统数据库，供各业主按需查询或调取相关的停车数据信息，做到公开经营、透明管理的平台服务。

二　系统功能设计原则

（一）安全性

对于整个管理系统来说，所有功能的实现均是基于数据信息而进行的，数据是否安全关系着整个系统的稳定性能。因此，出于安全考虑，在系统结构架构上从以下几个方面提升整个系统的安全性能：

(1)对不同的用户权限进行严格的管理，在管理员给用户进行授权的时候并不能无限制地随意授权，所有的用户权限都要有一套完整的申报与审批程序，而负责对权限分配并进行管理的则要由行政主管来进行把控。在用户权限分配上，要根据用户的实际需求来进行一一对应，让岗位与部门的权限得到明确，而对于岗位与部门权限来说，还需要对用户的数量进行限制，确保系统的数据安全。

(2)在系统运行过程中，所有的系统数据都是处在动态更新的状态之中，而历史数据信息则显得非常重要，因此，要及时地对系统信息进行备份管理，强化系统中的工作日志纪律，防止系统数据因为故障等原因丢失。同样，对于日志信息和系统备份信息也要交由专门的部门来进行管理。

(3)系统服务的架设必须要能够确保服务器所处的工作环境严格保密，对服务器的管理主要由技术人员负责，同时还要明确具体管理者，在机房重地要严防闲杂人员的进出，任何进入机房的人员都要经过相关的审批。此外，系统的架设往往在单位内以局域网的形式来与外网连接，这就必须要给系统增设防火墙，对一些敏感信息进行加密处理，以防外部的技术入侵，确保智能化停车场管理系统运行中的安全，防止数据信息的泄露，提升整个系统核心数据库的安全性能。

(二)可靠性

系统运行的主要地点是在服务中心，这就要求整个系统必须能够确保稳定，在用户访问或操作中不会有系统崩溃的情况发生，因此，系统中的每一个模块响应时间都要及时有效，不能出现操作点击之后，模块的运行要经过很长时间。

(三)稳定性

对于智能化停车场管理系统来说，其数据信息较大，在高负载的情况下要能够确保服务器正常工作，因此，在进行系统设计的时候就需要考虑整个系统的稳定性，即便是同时在线访问的人数超出了预期，也不能让系统负载运行，最终出现某些功能模块不能正常工作。但在这样的高峰时段，通常不会经历过长时间，系统模块的响应可能会与平时相比稍微有点慢，但错开高峰时段之后系统将会自动恢复到正常状态。

（四）系统经济性

目前停车管理系统本身造价成本比较高，投资后回报周期比较长。因此，系统在采用相关设备和技术的前提下，把经济性作为重要考虑因素，多选用成本低且不影响性能的设备，争取做到性价比最高。

（五）系统简便性

有些系统界面设计过于复杂，硬件设备安装和维护困难。因此，系统在硬件选择上优先选择易于安装和维护的设备，在手机客户端和管理端界面设计上，以简便易用为出发点，力争使用户无须看操作说明就能完成操作。

（六）系统可靠性

停车管理系统一旦投入使用就不停地运行，如果发生故障就会导致严重的后果。因此，在硬件设备的采购和系统的设计上，都必须十分慎重。购买的设备必须是可靠性良好的设备，采用的技术必须是比较完善的技术，并具有故障处理机制，从而进一步提高系统可靠性。

（七）系统可扩展性

随着科技的不断发展，技术更新日新月异。系统在设计的初级阶段就要考虑到可扩展性，必须具备兼容性和可扩充性。无论是硬件还是软件，都要留有可替换、升级的空间，从而更好地为用户服务。

三　系统功能模块设计

停车管理系统包括云端管理系统、车场端管理系统、手机客户端 App/微信公众号平台和外部同步接口四个模块。

（一）云端管理系统

云端管理系统部署在云服务器上，配置不同的停车场信息，管理注册车主信息,响应手机客户端与微信公众号页面的数据请求并展示结果,同步接收由车场端发送过来的同步信息。云端管理系统可以实现车场信息管理、云端车主用户管理等功能。其中,车场信息管理可以使用户进入新增车场页面,填写车场信息,并对新增的车场信息进行入库、修改信息等操作;云端车主用户管理通过点击用户管理链接,列出用户的分页列表,同时可以输入用户姓名或者电话进行用户的模糊查询,并可以将用户与车牌绑定,当绑定信息变更时,可点击用户的绑定车牌链接,就能对用户绑定的车牌进行增加与更新操作。

(二)车场端管理系统

1. 单一停车场

车场端管理系统部署在停车场里面,每一个停车场部署一套以上,对停车场信息、楼层信息、设备信息进行统一的配置,对车辆停放进行记录并提供查询功能。其中,车场端管理系统包含免取卡出入口管理系统、信息采集系统、停车诱导系统、反向寻车系统和缴费系统。

(1)出入口管理系统。

目前市场主流的出入场系统包含人工登记、取卡或者已有卡的直接刷卡入场、免取卡入场,以及不停车出入场四类技术方案。

①取卡或者已有卡的直接刷卡入场是为了满足第 i 代停车系统的需求而生,也就是加强停车场的运营管理,所以体验并不好,因为该方式无论如何都需要使用 IC 卡与路侧设备进行一次交互。

②免取卡入场又有视频、蓝牙、微波等方案,视频方案已成为绝对主流,蓝牙或微波都需要有车载设备,这就大大降低了使用范围,而同时视频的识别精度可以达 90% 以上,周边环境好时可以达 99%,满足实际的使用需要。

③不停车出入场技术方案可以实现不停车进出,类似高速公路的 ETC,这种方案对车辆身份识别的主要手段是 RFID 系统。

出入口管理系统各模式应用案例

杭州火车站停车场采用人工登记模式。停车场位于环城东路和西湖大道的交叉点上,是杭州的中心地带,客运吞吐人数和进出停车场的车数较多,人工值守,效率较低,车主经常排队入场,后来采用一进两出的卡票收费管理系统,不再排队进场。

南京雨润国际广场停车场采用欧冠免取卡出入场模式。南京雨润国际广场集大型购物中心、甲级写字楼、白金五星级酒店、顶级酒店式公寓等高端业态于一身,配建了拥有2000个停车位的大型停车场。在停车场管理运营上,采用了全视频停车场综合解决方案,在停车场出入口设置了免取卡停车管理系统。

南京新港研发中心停车场采用不停车出入场模式。南京新港研发中心定位为高新科技企业园区,入驻企业多为科技型企业,为配合该园区的定位,地下停车场引进了目前国内最先进的RFID技术,实现不停车快速出入场,同时对停车场采用智能化管理系统。

(2)信息采集系统。

信息采集系统是通过采集传感器进行车辆信息的采集。目前主要的采集传感器有三种。

①超声波传感器采用声波原理,需要一个振动的机械纸盘实现声音发射,根据反射波的情况判断是否有车辆停放。超声波传感器的最大优点就是综合成本低,但是这类设备由于本身是机械结构,所以寿命不如电子类结构设备,且不能在室外使用。这种技术方案最适合不需要寻车功能的室内停车场。

②地磁传感器利用近年来出现的一种新型微传感器芯片,实现对周边地球磁场的检测,根据磁场变化来探测停车位上是否有停放车辆。地磁传感器是目前唯一的室外解决方案,就是成本较高。室外也不是完全没有采用视频的,只是就综合施工复杂度和效果来说,视频落地的约束太多,比较困难。

③视频传感器利用摄像机,通过图像识别的算法判断停车位上是否有车。视频传感器主要还是在室内使用,与超声波相比,虽然施工要容易一些,但是综合成本更高。视频传感器除了可以实现停车位探测以外还有两个重要的功能:一个是通过视频流的存储实现安防功能;另一个是车牌识别,车牌识别将为后台大数据分析提供支持,也为反向寻车提供支持。对于一个功能相对比较完善的智慧停车系统来说,视频的功能优势和成本将凸显出来,这种方式将是最佳选择。

采集传感器应用案例

北京朝阳大悦城停车场采用了超声波传感器进行停车位诱导。朝阳大悦城体量大,建筑结构呈扇形,因此,停车场层数多、区位不甚规则,增加了停车难度。

厦门市软件园三期停车场采用视频传感器进行停车位诱导。软件园位于集美新城核心区以北、后溪镇以南、灌口镇以东、集美文教区以西。软件园三期总规划面积 $12km^2$，可入驻1000家企业，建成后可容纳20万人。软件园采用视频传感器进行停车位信息采集，力求建设“高水平、应用性、服务化、开放式”的国际化智慧型园区，打造厦门的“硅谷”。

(3)停车诱导系统。

停车场建设中涉及的诱导部分包含入口诱导、通道诱导和停车位诱导。

车主驾车进入停车场前，可通过入口处的“户外停车位引导屏”上的空停车位显示获知停车场每层剩余停车位。入场后，根据停车场内部通道上方安装的“室内停车位引导屏”，可快速判断空停车位方向。每个停车位的正上方装有“停车位指示灯”，灯为绿色时表示该停车位为空停车位；灯为红色时，表示停车位上已有车辆停放。车辆停放好后，户外及室内的停车位引导屏会自动扣减空停车位数。

停车诱导系统适用于大型且停车位资源紧缺的停车场，能够很好地解决“一位难求”的问题，完成从入口到停车位的全程指引，缓解停车场内交通拥堵，减少停车场内汽车尾气排放。

停车诱导系统应用案例

上海宜家停车场采用三级诱导标识对车辆进行实时诱导。该诱导系统提高了停车场的信息化和智能化管理水平，降低了管理人员成本，也给车主提供了更加安全、舒适、方便、快捷和开放的停车环境，实现了停车场运行的高效化、节能化及环保化。

(4)反向寻车系统。

反向寻车系统目前有三类模式：人工寻车、刷卡定位及视频寻车。

①人工寻车模式即借用人力寻车，这种模式是在没有设备又需要提高体验度情况下的无奈之举，短期使用成本低廉，长期使用成本较高而体验一般。

②刷卡定位模式包含了很多种方案，如刷卡、取票、指纹、条码、二维码等，这类模式的共同特点就是都需要车主在停车后进行一次主动操作。例如车主停车后，需要找到场内最近的刷卡定位仪先刷一次，存储位置，取车时在寻车机处再刷一次卡，就可以定位到之前存储的位置。这类模式的操作方法基本上是相同的。刷卡定位模式是一种半信息化模式，这种模式无法摆脱主动操作，而

且得到的也是区域结果，所以这种模式也是历史产物，其适用范围很小。

③视频定位模式的技术原理就是利用摄像机的车牌识别方案，将摄像机分布在场内的各个位置，当需要找车时，根据车牌号得到车辆位置。现有已实现的系统技术又分为区域检测技术和停车位检测技术。区域检测技术将摄像头置于通道中间，利用摄像头将场内分成若干个封锁的网格，再利用算法得到车辆最后所在的网格区域；停车位检测技术比较容易理解，在每个停车位上放置一个摄像头，查询时直接得到车辆所在的具体停车位，并获得现在位置与车辆之间的路径图，方便寻车。

反向寻车系统各模式应用案例

广州天河商圈停车场采用刷卡反向寻车系统。天河商圈作为广州最繁华的商圈之一，聚集了一批大型商场，常年车水马龙。天河商圈周边停车场星罗棋布，停车位数量高达六千多个。天河商圈目前采用刷卡定位的方式来解决寻车的问题。

南京德基广场停车场采用区域视频检测技术寻车。德基广场是一座集顶级购物中心、甲级写字楼及高端酒店为一体的城市中心代表性建筑，停车位数量约 2000 个，反向寻车系统采用区域视频检测技术，在反向查询台上即可查询车辆停放区域。

(5)缴费系统。

缴费系统有出口人工缴费模式、中央人工收费模式和自主缴费模式三类。

①人工缴费模式容易在出口处产生拥堵，所以就产生另外两种模式。出口人工缴费模式的最大优点就是符合用户的使用习惯，从停车开始收费以来，已经有 20 年的历史，虽然这种模式效率较低，但是其在一定时间内会持续存在，或者单独使用，作为应急使用，或者与另外两种模式联合使用。

②中央收费模式类似超市的收银台，用户在离场前先在中央收费处缴费，然后取车，15min 以内离场即可。中央收费和自助缴费都是为了提升进出口效率而设置，同时因为减少了排队和反复加减速过程，能大幅降低场内 PM2.5，改善场内空气。但这两种方案最大的缺点就是改变了用户习惯，而一旦用户因为不知道或遗忘了缴费，驾车直接到了出口而没有缴费，重新停车缴费的过程是非常影响体验的。因此至少在短期内，这种模式需要和出口人工缴费模式并存，逐步培养用户习惯。中央收费模式如果与超市的收银台结合，或者与商业

体的停车票兑换结合,能简化缴费过程,实现很好的缴费体验,这是该模式的最适合领域。

③自助缴费模式是将自助收费机四散安排在电梯口等重要通道附近,类似自动售卖机一样进行付款操作,然后在设定时间内(如15min)离场即可。车主通过自助缴费终端自行输入车牌号码,确认停车信息及应缴金额后,投币或刷卡缴费,然后在设定时间内不停车直接驶出停车场。自助缴费机由于其自身的成本较高,适用于高端开发,但是由于其与反向寻车相关联,用户在寻车的同时实现缴费一体化操作,使用体验不错。而且从长期来看,自助缴费模式还可以减少人力成本,但这取决于自助缴费机的摆放数量和用户习惯的转化速度。

缴费系统各模式应用案例

南京海德商厦属于第一代百货公司,停车位数少于500个,因此,还在沿用传统的人工缴费系统。

深圳宝安机场新T3航站楼Pl停车场共1500个停车位,1个出口。停车场采用中央收费模式,出口处不设缴费点。该缴费方式理论上提高了出场效率,然而相关引导标识缺乏,车主不习惯该方式,导致时而发生车主驶到出口处下车缴费的现象。

南京德基广场是南京商业综合体代表之一,位于城市最繁华地段,停车场共1200个停车位,2个出口。该停车场统一采用自助缴费机方式,出口处不设收费。根据现场使用情况,车主已习惯该使用方式,高峰时间出入场未见拥堵。

2. 区域停车场

(1)区域停车场信息系统。

①数据采集单元的功能。

数据接入应具有协议可定义的外部数据接入,对实时数据采集时网络中断、服务中断等异常情况有应对机制。可通过重试、补传等方式,保障数据及时完整传输,具备全量、增量采集功能。对于历史数据,可利用时间戳等信息,实现增量数据采集;支持自定义主动抓取的时间间隔,支持秒级采集;支持数据库连接、网络通信、消息传输、文件传输、网络爬取5种数据采集接口类型;可根据接入规模、内容按需调整接入组件;可通过第三方辅助软件,实现其他协议接口数据接入等功能。

接入处理应具有数据清洗和数据转换功能。数据清洗是对重复数据、不合法值、数据跳变、空值、缺失值进行识别和处理，确保数据完整性和规范性。数据转换是根据数据规范，对数据进行值域、计量单位、结构转换加工，以确保数据符合管理要求。

接入管理应具有接入申请、申请审核、分配处理、记录查询、接入控制及监督等功能。首先，接入申请需要在接入新数据资源前，数据提供者应按要求提供接入申请，明确数据标准、内容、频次、用途等信息。数据管理者应对接入申请进行评估审核，对符合要求的申请予以通过，对不符合要求的，说明原因并驳回，数据提供者可以接收到审核结果。其次，对审核通过的接入数据分配处理和存储资源，对每笔数据的接入时间、数量、结果等运行情况进行记录和查询。然后，对数据接入进行控制，可按需允许/禁止特定渠道数据接入。最后，对接入情况进行监督，掌握数据接入量、稳定性情况。

数据存储应具有对接关系数据库、列式数据库、图数据库等数据存储系统，持久保存不同类型数据；根据不同性质的数据制定不同的备份策略，并提供恢复功能；按不同应用及类型建立数据库并保存数据等功能。

②资产共享。

资产共享应具有对数据进行共享发布的功能，可自动生成数据共享应用编程接口，实现无编码对接。对数据共享进行限权、限时、限额控制，可对高峰访问进行预警和熔断。对数据共享进行脱敏控制，至少包括替换、掩码，对每起共享数据流出时间、数据量、结果等原始运行情况进行记录和查询等。

③数据应用单元。

数据应用单元包括算法仓和数据展现。算法仓是信息系统中心算法的集合，应具有具备对通用算法进行可视化组合、参数调整，形成面向特定分析目的业务算法的功能；支持算法分类上传、启用、停用、更换、作废，记录和查询算法运行记录和结果；对算法进行自动分配计算资源，定时调度运行；监控算法运行的资源消耗、运行结果、运行次数。可对运行异常进行报警，具备重点区域各区域拥堵水平信息、占用趋势信息、停车位状态信息、路况信息等专业算法功能。

数据展现应具有通过电子地图展现位置、停车位信息、停车位状态信息、分界识别区信息和分界识别区状态信息，及通过自定义文字、符号、图形、表格及组合形式，展现以上信息的功能。

④系统管理单元。

系统管理单元应具有客户端用户管理、角色权限、权限管理、参数配置，以及监控告警等功能。

客户端用户管理是指对各客户端用户信息进行维护，并能对用户身份进行合法性认证；身份认证可采用静态口令、动态口令、数字证书认证等模式。角色权限是指对用户角色信息维护的功能，可为角色赋予系统功能、数据使用权限。权限管理是指将角色权限赋予用户的功能，使用户具备访问被授权资源，经明确授权，用户才可使用访问数据、影响系统运行的功能。参数配置是指对系统运行所需的参数进行配置及起用生效。监控告警是指对系统运行所涉及的计算、存储、网络等硬件节点，以及数据库、消息中间件、计算平台、应用软件等软件模块的运行状态、资源负载进行监控，对异常情况自动告警，与外部运维系统对接，对外报告运行状态。

⑤电子地图。

信息系统中心的电子地图，应具有为重点区域、停车场、停车位以及相关区域提供位置信息的功能，为分界识别区(出入口、楼层间、楼层内片区之间)、设备、服务设施提供位置和坐标信息。电子地图与停车位信息、停车位状态信息、分界识别区信息和分界识别区状态信息建立联系，便于各客户端和远端单元通过地图展示相关信息。为各客户端和远端单元的访问提供接口，通过客户端访问、或为远端单元周期性地提供相关信息的实时更新，为寻找预约停车位、寻找可用停车位、提示异常停车位和反向寻车提供路径规划等功能。

其中，路内停车位、封闭式地面停车场或连接室外空间的分界识别区应使用大地坐标系，对应的室内要素应使用相对坐标系，大地坐标系和相对坐标系之间通过坐标转换系统建立联系。当停车场具有地下多层或地面以上多层时，还包括上下行坡道、电梯、自动扶梯或楼梯的位置。

(2)地面停车引导系统。

地面停车引导系统包括停车引导服务、停车位自动统计功能、停车位管理系统功能、大屏展示功能、自动收费功能和分级停车诱导系统。

智能停车引导系统通过车载智能终端，可独立或与现有停车引导系统联网，向驾驶人提供以下服务。停车导航引导效果如图4-16所示。

①停车诱导：在主要干道、支线道路及停车场附近设置一级或多级停车场

空位信息电子显示牌，引导驾驶人顺利停车。

②空位查询：驾驶人可以通过电话等方式查询停车场空位信息。

③停车位预订：驾驶人可以通过打电话、短信或上网方式预订停车位。

图 4-16　停车导航引导效果图

车辆入场后，停车位引导系统自动检测停车位占用或空闲的状态，并将检测到的停车位状况变化由停车位引导控制器实时送至停车位引导显示屏显示，停车位引导显示屏指引车辆停至最佳停车位置，引导车主快速地找到系统分配的空车位。

在设备上，可以直观地显示整个停车场的地图位置，设备中可以加载整个停车场的平面图，实时、动态地显示出停车场内每个停车位的占用、空闲信息。停车位诱导标志如图 4-17 所示。

图 4-17　停车位诱导标志

停车位自动统计功能通过车辆感应功能，系统对进出停车场的车辆进行自动统计和计算，根据统计计算结果，实时地将停车位信息传送给停车位显示屏，在停车位显示屏和软件界面上自动显示停车场内剩余的空停车位信息。

停车位管理功能系统可对停车位进行实时控制管理，管理人员可以查看相关情况，停车后，可以进行停车时间监测。车辆停入停车位后开始计时，在控制室可随时了解各停车位的停车时间。

大屏展示功能采用 LED 显示屏，全中文显示欢迎词语、剩余停车位信息、停车位已满以及停车场的其他相关信息等。

自动收费功能通过地感线圈探测,在车辆离开后根据地感线圈感应,计算停车时间,根据停车时间进行自动连接计费系统进行计费。

分级停车诱导系统是利用停车诱导屏发布停车信息、指示场所方位的信息显示屏。屏体上用3位LED显示单元显示场所的空余停车位数目,屏体上的数码字和中文字体大小要适合道路上行驶车辆远距离清晰读取的要求。停车诱导屏结构稳定,能承受由12级台风、8级地震和强暴雨的侵袭。

一级停车诱导屏设置于进入城区范围内的主要道路侧面,在城区主干道的进入方向。一级停车诱导标志如图4-18所示。

二级停车诱导屏设置于场所(库)几百米范围内的主要道路侧面,在场所周边主要道路的进入方向。最多5个二级诱导屏可以拼接成一组,安装在一组立柱上。二级停车诱导标志如图4-19所示。

图4-18　一级停车诱导标志

图4-19　二级停车诱导标志

三级停车诱导屏设置于场所(库)入口前50m范围内的道路侧面的进入方向。每组三级诱导屏只能发布一个场所信息,安装在一个立柱上。

(3)地下停车引导系统。

车辆入场后智能定位终端自动切换到室内定位模式,通过室内定位信标,在定位终端显示地下停车场三维地图,展示目前车辆位置。

停车位引导系统自动检测停车位占用或空闲的状态,并将检测到的停车位状况变化由停车位引导控制器实时送至停车位引导显示屏显示，停车位引导显示屏指引车辆至最佳停车位置，引导车主快速地找到系统分配的空停车位。

地图导航功能在导航设备中，可以直观地显示整个停车场的使用情况，软件中可以加载整个停车场的平面图，实时、动态地显示出停车场内每个停车位的占用、空闲信息。

停车位自动统计功能是通过车辆感应功能，系统对进出停车场的车辆进行自动统计和计算，根据统计计算结果，系统实时地将停车位信息传送给停车位显示屏，在停车位显示屏和软件界面上自动显示停车场内剩余的空停车位信息。

停车位管理功能系统可对停车位进行实时控制管理，管理人员可以查看相关情况，停车后，可以进行停车时间监测。车辆停入停车位后开始计时，在控制室可随时了解各停车位的停车时间。

大屏展示功能采用 LED 显示屏，全中文显示欢迎词语、剩余停车位信息、停车位已满以及停车场的其他相关信息等。

自动收费功能中包括图像对比功能和语音提示功能。

图像对比功能包括图像抓拍设备，实时监控停车场出入口状况。车辆进场时，摄像机抓拍车辆图片，与感应卡卡号对应储存，车辆出场时，摄像机再次抓拍车辆图片，电脑通过卡号将出入口抓拍的图片显示出来，系统自动对车辆的外形、颜色、车牌号等进行核对，以便判断是否该放行，从而实现停车场的防盗功能。

语音提示功能与电子显示屏功能配套，以语音的形式进行提示，指导用户科学使用停车场。向驾驶人报告停车时间和缴费金额，提高系统收缴费的透明度，公平可信，减少摩擦，避免多收或少收费。

第三节　城市智慧停车管理平台框架设计

随着市民生活水平提高，汽车保有量快速增长，市民对停车配套、服务要求越来越高，基于城市整体发展需要，政府对资源信息的掌握、资源配置效率及决策的需求越来越迫切，运营方对成本、效率、创新、可运营需求热切，伴随着大数据、云技术、物联网、移动互联网、无感支付等各项技术的不断成熟，使得建设停车管理平台时机倍加成熟，也是政府各部门迫在眉睫的工作。

一 停车场管理系统研究现状

综合分析国内外的停车场管理系统,国内停车场管理系统主要分为城市级智慧停车管理系统、公司级智慧停车管理系统、用户停车 App 三个方面,因此,分别从智能停车管理系统的目标、服务功能及应用等方面对停车系统进行介绍,为城市停车管理平台框架设计提供借鉴意义。

(一)国内研究现状

1. 城市级智慧停车系统

(1)理论层面。

张明辉等人基于通信技术、网络技术、大数据、云计算等技术手段,设计开发城市级智慧停车综合管理系统。采用分层分布式网络结构,实现停车场管理、停车信息采集、停车引导、停车位预订等一系列智慧停车管理和服务。从六个方面阐述该系统设计,包括了综合管理云平台、信息管理云平台、运营云平台、监控云平台、收费综合管理系统、智慧城市手机 App 系统。左劲中设计的城市智慧停车管理系统借助于 NB-IOT 物联网技术,结合移动互联网、传统互联网以及城市级交通诱导体系,构建一套覆盖智能手机终端、PC 终端的停车信息引导、停车位自主查询、停车计时计费、停车支付结算的完善服务体系;建设智慧停车运维管理软硬件平台,形成完善的停车运维管控、应急指挥调度、停车位巡检管理、停车场综合管理等配套体系;根据要求建设执法记录管理系统、立体停车库、城市诱导系统、总控中心监控大屏,满足城市需求;制定数据共享互联网的标准化服务接口协议,制定与各职能部门运行指挥中心、公安交管部门交通管理平台等行业系统平台的接口标准,实现与各类行政公用系统的数据交换与共享,打造大数据交通云平台。刘哲设计了基于路边停车场的城市智慧停车管理系统,该系统结合了停车场车辆收费和自动化管理,将停车场完全置于计算机统一管理下的高科技机电一体化产品。它支持感应卡及手机支付、来车语音播报、诱导显示屏超声波来车感应、车辆及驾驶人抓拍、停车位占位器、终端查询平台,同时还能进行网络互联,快速查找停车位,降低车辆绕行距离,对周边环境进行监控。罗莉设计基于 GIS 的城市智慧路侧停车管理系统,系统设计分为城市智慧路侧停车管理的软件算法设计和系统硬件设计。采用回波探测技术,构建城市智慧路侧停车的信号模型、城市智慧路侧停车的地理信息跟踪模型,设计GIS 信息库进行城市智慧路侧停车的信息融合处理;提取城市智慧路侧停车探测信号的谱特征量,采用空间波束形成方法进行城市智慧路侧停车过程中的方位和距离估计,在智能 GIS 信息技术支持下,实现城市智慧路侧停车管理系统的软件设计,在嵌入式 ARM 中实现城市智慧路侧停车管理系统的硬件设计。

(2)实际应用层面。

①阳光海天智慧停车系统。

阳光海天智慧停车系统通过智能感知技术对市区(园区)内室内、路侧停车场车辆出入、停车位占用信息进行全面采集,利用互联网以及移动终端,为广大驾驶人提供面向“市—区—场”三级的停车诱导服务,从而提高停车位周转率,提升停车场运营效率,同时降低驾驶人寻找停车位的时间和距离,实现节能减排、缓解拥堵,以“动静结合、以静制动”的理论实现停车对动态交通的重要渠化疏导作用。

阳光海天智慧停车系统从智慧城市、移动互联和精细管理三个方面又划分为不同子系统,主要包括 SUNSEA 智慧城市停车诱导系统,SUNSEA 智能移动终端 App 以及 SUNSEA 智能停车管理系统。其中 SUNSEA 智慧城市停车诱导系统通过智能探测技术,采集城市中分散在各处的停车场实时运营数据,实现智能联网数据上传,实现对各停车场停车数据进行实时发布,引导驾驶人实现便捷停车,提升停车位利用率,解决城市停车难问题;SUNSEA 智能移动终端 App 具有目的地停车场查询、免费停车场查询、路侧违停查询、路径导航、停车空位预测、移动支付、停车位导引、反向寻车、停车时间和费用提醒等功能;SUNSEA 智能停车管理系统包括出入口全视频管理、全视频停车位引导及反向寻车、智能停车位锁、自助缴费机等。SUNSEA 智慧城市停车诱导系统如图 4-20 所示。

②杭州阿里巴巴停车系统。

为解决停车难问题,杭州推出“城市大脑停车系统”(以下简称全市停车系统),这是在杭州城市大脑基础上的具体运用。当全杭州市各停车场库(包括政府投资建设停车场库、商家和社会经营性停车场、道路停车位、小区停车场库等)按照接入规范,全都接入全市停车系统,就可以实现停车场库基础信息、停车信息等数据的实时上传。并且在数据接入后,不仅不会影响停车场库原有经营管理模式。反而,围绕停车服务、缴费服务、停车管理、大数据分析、数据运营

“五位一体”核心功能，通过停车系统建设，辅以配套标准、制度和规范，可以大大提升停车场运作和管理水平，改善市民停车体验，引导政府、经营单位、停车人共建停车生态文明体系，有效缓解停车难问题。

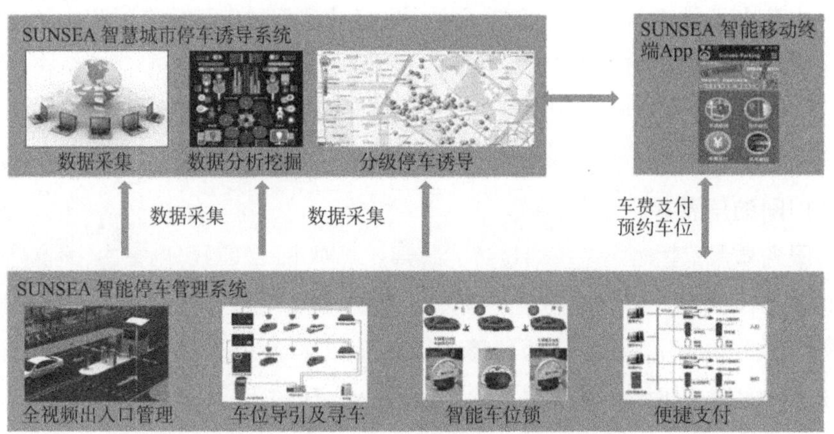

图 4-20 SUNSEA 智慧城市停车诱导系统

目前，针对大型商圈、医院、老旧小区周边停车乱问题，上城、下城、江干、余杭等多个城区已经在利用数据赋能，因地制宜探索破解停车难。其中，69 万个停车位接入了“先离场后付费”功能。杭州城市大脑交通平台如图 4-21 所示。

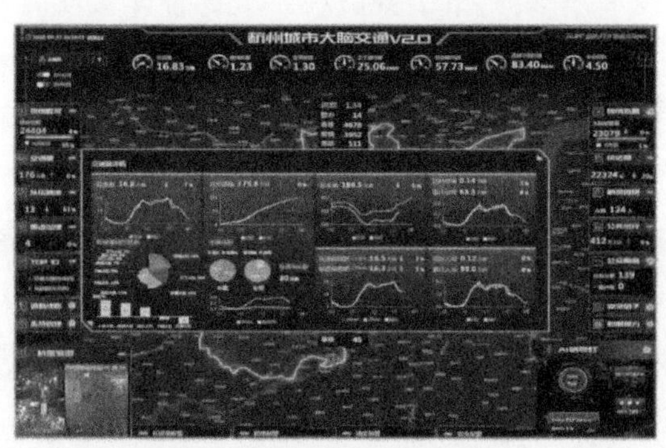

图 4-21 杭州城市大脑交通平台

③中建电子城市级智慧停车平台。

中建电子城市级智慧停车平台是以互联网 + 停车平台为核心，结合移动互联网、物联网、云计算和大数据技术，打造城市智慧停车云平台，对一个城市的停车资源进行整合，实现多个停车场统一管理，快速建立停车场、路边停车、区域停车乃至城市停车管理新模式，改善停车秩序，实现无处不在的停车位预定、停车导航、停车位导航(室内)、反向寻车(室内)、在线支付、错时停车、停车位共享等功能,合理调配停车资源,从而提高停车设施利用率,提升停车服务质量和智能化管理水平。

中建电子城市级智慧停车平台采用通用性强、部署简单、升级维护方便、稳定、兼容性强、易扩展的 B/S 结构。软件采用了面向业务的 5 层体系结构:第一层为服务层,服务层相当于跨部门指挥中心。交通运输、公安交管、城市管理等部门通过建立在这一层的网络门户/移动应用来共享信息。服务层不仅支持政府部门间的信息共享,还将停车信息公之于众,使得非政府实体也可以提高自身的服务质量,建设更好的智慧城市。第二层为平台应用层,提供面向管理端的业务平台软件,包括道路停车运营平台、集群车库联网运营管理平台、城市停车诱导管理平台、违停取证抓拍管理平台、应急指挥平台等。第三层为数据服务层,为上层应用提供各类数据和接口服务,包括采集接口、服务接口、数据接口和支付接口等,主要通过中间件和 API 两种方式提供。第四层为大数据支撑层,是系统的核心,承载了计算资源分配、高性能计算、数据管理、数据分析、数据可视化等多个功能。第五层为物联网采集层,连接城市各个室内停车场的 IOT 节点,负责收集物理环境下各类活动的数据。一个 IOT 节点由传感器、微芯片、电源和网络组成。把收集的现场信息接入平台进行集中管理,基于空间位置的信息触发,为智能手机和设备终端提供精准的信息交互服务(停车位导航、反向寻车、商家导航等),从而提供更好的业务服务。

中建电子城市级智慧停车平台针对城市停车场管理工作特点,基于自主开发的智慧运维管理信息系统平台,研发适用于城市停车场、路侧停车位、立体车库、诱导牌等停车环境的日常运维自动化管理系统。平台提供 6 大服务体系,包括:运营管理服务、停车收费、大数据分析、车主信息服务、停车协同、标准化接口。

中建电子城市级智慧停车平台的创新点在于使用了“移动互联网 + 物联网 + 云计算 + 大数据”技术,整合现有停车场子系统,只需将现有停车场子系统接入停车云平台,就可以享受云平台的服务功能。通过后台运营监控数据分析,整合单个、多个停车场单独或集中统一管理、调度、运营、监控、预警,形成实时数据流等一体化的运维体系,能够让政府相关部门和停车场管理方及时了解停车场动态、静态的信息,对车流和人员进行管控。停车管理平台的实时监控和停车场管理界面如图 4-22、图 4-23 所示。

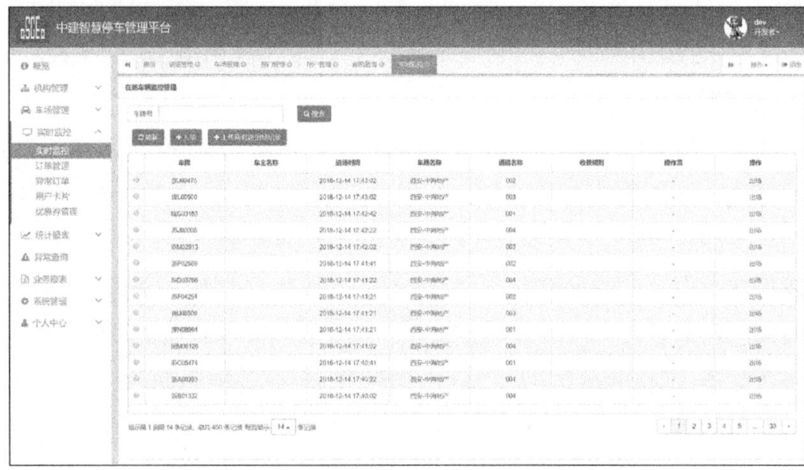

图 4-22 停车管理平台的实时监控界面

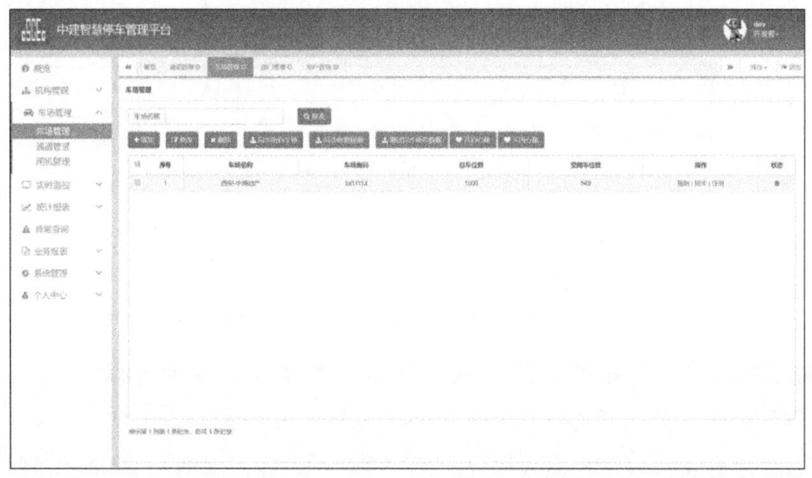

图 4-23 停车管理平台的停车场管理界面

④捷顺公司智能停车系统。

捷顺公司智能停车系统是经过不断优化并结合国内外停车场具体需求而设计的高效智能、快捷精确、科学经济的停车场管理系统。它主要包括出入口通道管理系统和场内管理系统两大部分，可以高效地管理车辆的通行权限、通行安全及效率、停车收费、信息发布、报警处理与联动等。

捷顺公司智能停车系统构建了规划普查体系、指挥调度体系、政务共享体系、公众服务体系、运营服务体系、社会化协同体系、互联互通生态体系。从政府层面,实现对城市停车位综合监控,为城市停车位规划提供数据支撑,通过政务共享体系,实现资源互联互通,最大化节约资源。运营管理公司以增强用户体验、提高资源利用效率、降低管理成本、提高运营收入为目标,实现资源的实时监控、资源管理、用户管理、订单管理、营销活动、绩效管理、运维管理、中心坐席、集中管控、第三方管理等。出行用户通过实时查询停车场位置、停车场导航、剩余停车位、收费标准等关键信息,实现预约停车、错峰停车、无感支付,享受新能源汽车充电、汽车美容、汽车金融、汽车服务等增值服务。捷顺公司智能停车系统城市级智慧停车平台如图 4-24 所示,用户 App 界面如图 4-25 所示。

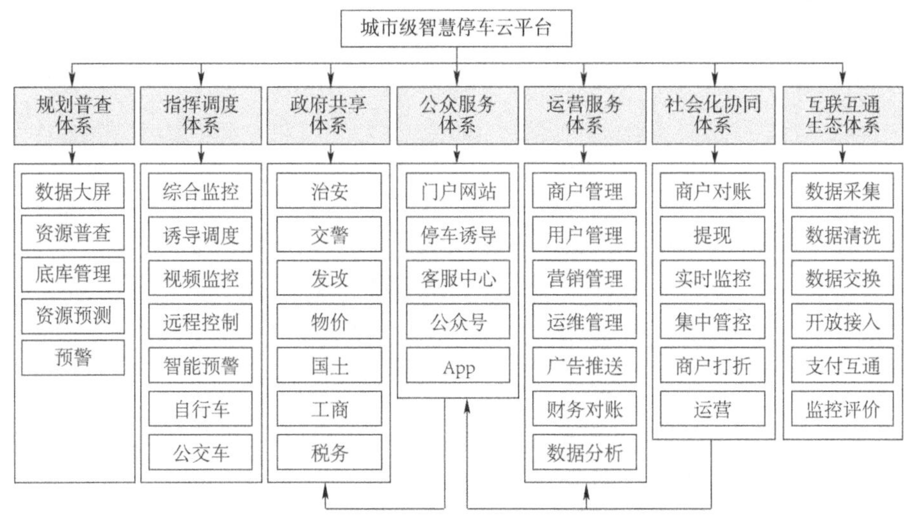

图 4-24　捷顺公司智能停车系统城市级智慧停车平台

⑤海信城市智慧停车管理系统。

海信城市智慧停车管理系统面向政府、运营管理公司及出行用户,构建了运行监管、停车运营、决策分析、停车诱导、智能运维、出行服务等应用系统。从政府层面,通过全面、准确、实时掌握停车场运行状态,保障停车场高效安全运行,分析停车供需矛盾,提前发布诱导信息,提醒车主避开停车高峰区域,通过提供多维可视化的停车场监管平台,实现城市—区域—单一停车场监控的无缝切换。从运营管理公司层面,以提升停车场整体管理及服务水平,实现车场营收的堵漏、提效、增收为目标,达到目标车场异常全闭环管理和路内停车智能管理。从出行用户层面，通过 App、微信、诱导屏等媒介，实现停车位预约、P + R 停车场推荐等特色服务，以及城市多级停车诱导、路外停车无感支付、“停车 + 充电”服务等功能。海信城市智慧停车管理与服务平台如图 4-26 所示，热点区域停车场利用分析如图 4-27 所示。

图 4-25　捷顺公司智能停车系统用户 App 界面

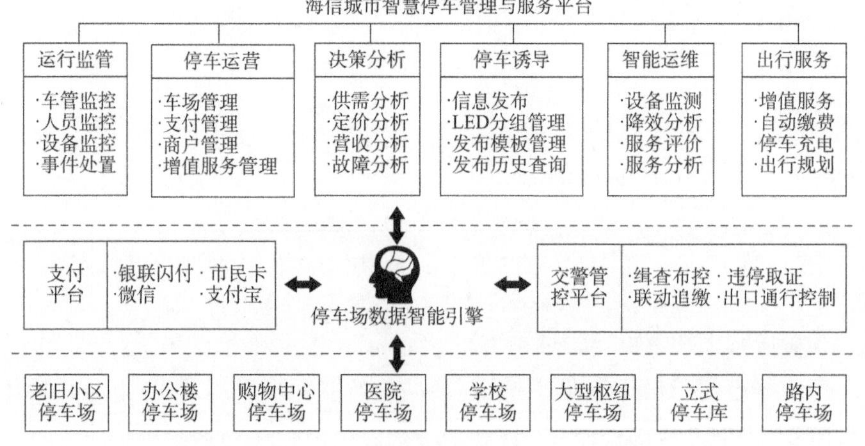

图 4-26　海信城市智慧停车管理与服务平台

2. 公司级智慧停车系统

公司级的智慧停车系统有慧泊云智慧停车综合管理平台。慧泊云智慧停车综合管理平台以运营管理公司及出行用户为研究对象。从运营管理公司层面，通过对车场大数据分析及实时动态可视化呈现，改善效益、创新盈利模式、降低成本、提升车主体验度，实现关键绩效指标（KPI）数据可视化、流程化工单管理、运营监管可视化、多维度报表分析、云计算大数据采集分析、远程管理、精准消息推送等服务功能。从出行用户层面，通过慧眼停车 App、微信公众号/小程序、门户网站等媒介，实现预约停车、车场导航、移动支付，快速离场、云锁车等服务。慧泊云智慧停车综合管理平台界面如图 4-28 所示。

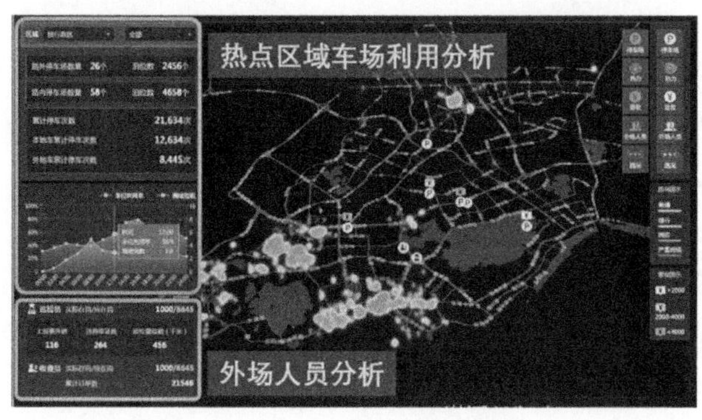

图 4-27　热点区域车场利用分析

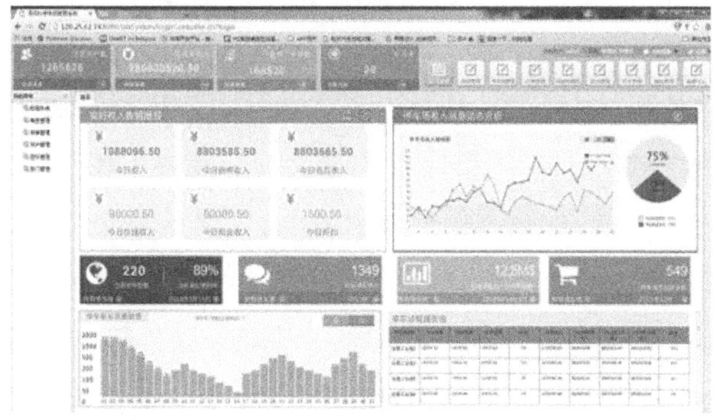

图 4-28　慧泊云智慧停车综合管理平台界面

3. 智能终端 App/共享平台

（1）理论层面。

彭梓轩等人设计了一个“智慧停车 App”，该 App 综合利用云计算、物联网、人工智能、无线通信、大数据处理等技术，让城市停车资源联网化、信息化、系统化，在时空范围具备数据采集、分析、预知、指引等能力，能最大限度为车主带来便利。黄烈一等人设计研发了智能停车 App 网络服务软件，能够实现停车信息的共享，减少停车信息的不对称，实现驾驶人和车库管理人的直线交流，设计智能停车App，使驾驶人进行网上支付和评价，为停车服务智慧化运营提供可操作的方案和工具。张迈予等人设计了停车狗App，人们可以在停车狗客户端公布停车位空闲信息，同时需要停车位的人可以直接通过停车狗App找寻，预约他人共享的停车位。为了方便用户准确地找到停车空位，停车狗App还为用户提供了定位导航等功能。

(2)实际应用层面。

ParkMe智慧停车系统、ParkNYC智慧停车系统、51PARK智慧停车云平台、掌停宝等系统主要从出行用户层面，实现用户停车场信息查询、车场导航、停车预约、错峰停车、停车共享等功能。具体功能介绍如下。

①中慧云控——共享车位平台。

中慧云控功能为：实现对每一个停车位的管理，以及停车位的共享；为每一个闲置停车位赋予独立的智能化属性；解决传统停车场停车位管理困难，依赖高成本人力收费等问题。共享停车位的特点包括：停车位锁持久耐用，停车位锁超低功耗，远程控制停车位锁，用户智能预约，管理后台实时监控。多终端控制方案包括：实时查看附近停车场的剩余停车位数量；在线支付订金预约闲置停车位；用户在停车前远程解锁停车位，方便快捷；实时查看停车位锁的电量，低电量报警；多终端控制停车位锁，无须下载App。共享停车位管理平台具有以下特点：专业的云平台服务经验；能应付大规模高并发场景，轻松控制百万数量级停车位；实时性强，控制开关锁延迟极低；数据支持安全套接层(SSL)安全协议加密，场景更可靠；支持实时控制，远程监控智能停车位；管理后台实时查看在线停车位占用数据，输出财务报表等。共享车位平台功能如图4-29所示。

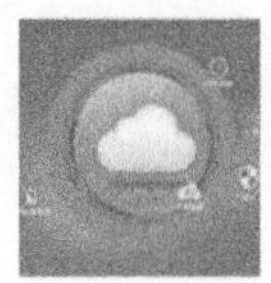

图4-29　共享车位平台功能

共享停车位平台使用方法：用户通过微信小程序找到附近的空闲停车位；

用户通过微信小程序扫描停车位锁二维码；App 通知平台系统，下订单，开锁，并开始计费；停车位锁收到指令，落下挡杆；车主驾车驶入停车位，停好车；车主取车，离开，停车位锁挡杆自动升起，恢复为空闲状态。具体使用方法如图 4-30 所示。

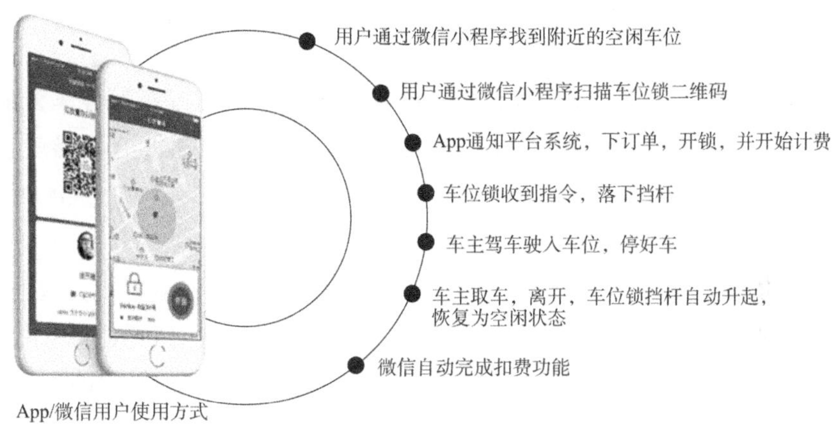

图 4-30　用户使用方式

②TPCC——区块链停车共享平台。

TPCC 基于区块链技术，实现了去中心化的服务，打造一个采用共识算法的、可信任的环境。能够为用户带来以下便利。

a. 分享停车位更积极：TPCC 通过激励制度，让拥有闲置停车位的人更愿意将停车位共享，不仅盘活了闲置资源，同时还为个人带来了收入。

b. 出租和使用停车位更安全：区块链本身不可逆和不可篡改的记录使 TPCC 平台的信息更可信，用户可以放心使用。

c. 定位更精准：TPCC 使用无源导航，轻松实现精准定位，还能精准收集车辆信息，体验效果更佳。

d. 用户更重视个人信用：使用平台的用户都需要进行注册与实名制认证，以此保证信息的真实性，促进平台自洽性生态发展。

作为一个去中心化的服务平台，TPCC 平台集合物联模型、分布式伙伴、可信体系、自驱经济等，构建完整共享停车新生态。其结果是：平台能够吸引用户加入自愿分享的行列，激活庞大的存量经济市场，赋能共享经济应用健康快速地发展。

因此,许多人对TPCC能够带来的共享停车的变化表示期待。TPCC与传统共享平台的不同之处在于引入区块链构建了去中心化的信任体系,从技术上看确实有能力为车主、业主和物业带来更多优质的服务。但是,这种变革也是需要一定的时间才能让更多人接受的。相信随着TPCC平台的完善,未来的停车将会变得更容易、更便捷。

③ETCP——智慧停车共享平台。

ETCP作为国内最大的智慧停车平台,在全国约200座城市覆盖了5000多家智慧停车场,覆盖停车位200万余个,ETCP智慧停车App注册车主超过1000万人。毫无疑问,这一行业引领者的发力,将使得共享停车位的概念在中国得以加速落地和普及。

ETCP智慧停车上线的"停车位市场"功能,基于共享思维、利用大数据信息技术,将用户上传的停车位信息和反馈的租位需求进行实时汇总,让有需求的用户通过App就能便捷地发布、查询和预订空闲停车位,以此为手段,促进停车位资源的充分利用。

具体来看,有停车位的车主在ETCP智慧停车App首页点击"停车位市场",进入页面之后点击"停车位发布",输入停车位信息及联系方式并上传证明照片,最后设置价格,待工作人员在3个工作日内完成审核之后,该条停车位租赁信息就发布成功了。

而对于寻找停车位的一方来说,点击首页"停车位市场",进入页面之后在搜索栏输入目的地名称,就可以看到该目的地附近显示的停车位租赁信息,任选一个停车位信息,就可以看到详细的租赁时间段、租金以及发布方的联系方式。

如此一来,停车位的错时利用不需要经历烦琐流程,车主只需点点手机就能完成,大大降低了停车位共享的门槛,自然能够达到鼓励车主积极开展停车位共享的效果,使闲置停车位得到更有效的利用。

综上所述,城市级智慧停车行业发展迅速,在各个行业企业的积极参与下,全国各地都在新建城市级智慧停车项目。然而现有城市停车管理系统较少实现政府、运营管理公司、用户三个层面的整合,多侧重运营管理公司、用户两个层面。政府层面的作用多为停车热点区域、停车变化情况的分析,对路内路外一体化、停车资源使用态势预测分析等较少,对于政府决策支持不足。

(二)国外研究现状

国外在智能停车管理的实际应用始于1971年的德国亚琛市,该市建立并投入使用了世界上最早的停车诱导系统。之后德国的许多城市也开始了停车诱导系统的建设,以科隆市建立的动态停车诱导系统最具有代表性,该市在主要交通干道上安装了电子显示屏,动态显示停车位和诱导方向信息,将城市停车场和车辆信息共同存储于系统数据库,建立信息共享平台,整个停车管理系统由政府交通管理中心对其进行统一监控、管理。随后十多年间,英国等许多欧洲国家也都陆续采用并逐步改进了城市停车诱导系统。停车诱导系统从最初的分区域指示停车位占用或空闲信息,发展到后来可自动收集目标停车场的车辆停放信息,并实时更新显示空闲停车位的位置信息。20年前,日本已经将停车管理系统引入了多个城市的交通建设,其中东京新宿地区设计建立的停车诱导系统对该地区的路网规划、停车管理和交通控制起到了十分有效的作用。美国许多研究院通过设计实践,改进的智能停车管理系统可以自动显示停车场车辆信息,在停车场入口和公共信息平台上实时更新空闲停车位的位置,诱导指引驾驶人快速找到停车位,减少巡游时间。西班牙的桑坦德,这座“智慧城市”的人们可以通过使用电脑和智能手机随时获取埋在地面下的传感器检测到的露天停车位,各种传感器在获取信息后,再经系统处理,可通过无线网络传至安装有实况显示屏的路口,以便帮助车主尽快地找到最合适的停车位。

发达国家的城市智能停车场建设及管理系统应用已较为成熟,例如在柏林、东京、纽约等人口众多的大城市,很少看到因寻找停车位困难而造成的交通堵塞现象。其中一个原因是城市规划相对合理,各种停车方式相互结合,合理控制交通运输量与停车收费标准;另一个原因是国外建筑智能化的投资比例较高,停车场收费、缴费方式电子化程度非常高。一些国外停车场系统开发者正在研究能够实现“网络化存车”的高度智能化停车管理系统,使车主在家或在公共场所通过网络就可预订停车位,通过电子交易手段方便缴纳停车费用,还可提前查询出行目的地的停车信息和道路交通状况。国外许多停车管理系统配备有停车车位诱导、出场寻车、路径查询等完善的功能设施,使停车场服务更加丰富和人性化。然而,智能停车场管理系统在使用大量前沿科技的同时,系统建设成本十分高昂,技术难度更大,后期维护也需很大的开支。

二 城市停车管理平台框架

目前国内停车管理系统正处于迅速发展的初级阶段,与国外发达国家相比,功能尚不完善、应用不够广泛、科学管理有待进一步提高。为了实现停车场的高度自动化管理,有必要挖掘面向停车资源管理和综合服务的停车场运营、管理和服务需求,建立面向停车资源管理和综合服务的城市停车管理平台。

城市停车管理平台的纵向架构依次为数据收集层、数据处理层、业务应用层。通过出行感知设备收集个体和停车场数据,建立停车服务出行数据收集层,以及停车出行数据分析模型;利用多维交通运行精确感知与一体化监测等技术处理数据;最后建立面向政府、运营管理公司、用户的业务应用层。具体如图 4-31 所示。

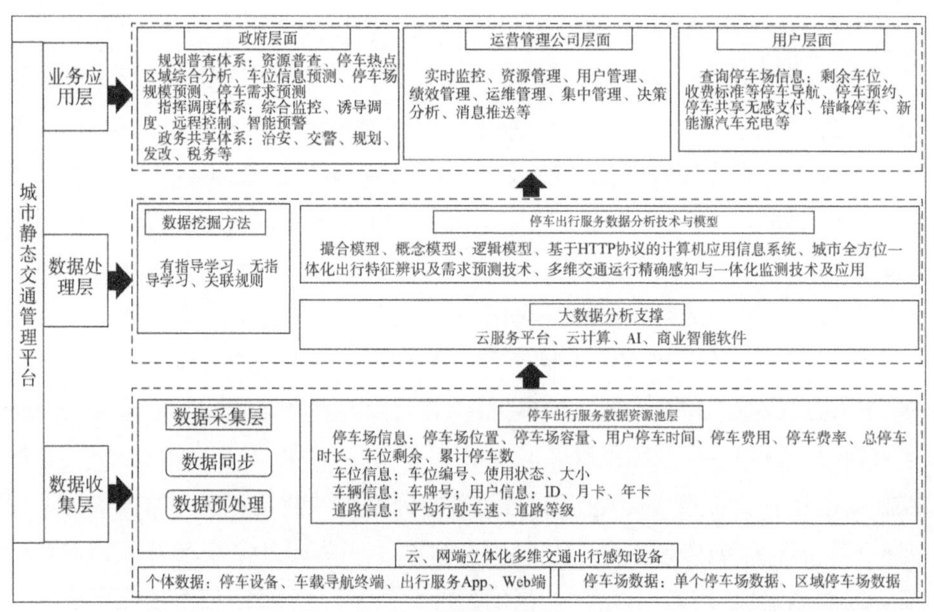

图 4-31 城市停车管理平台框架

(一)数据收集层

数据采集是智能停车管理系统中比较重要的一个环节,数据采集的好坏直接关系到平台功能的实现与否。停车管理系统采集到的数据包括以下几部分。

(1)停车场信息:停车场位置、停车场容量、用户停车时间、停车费用、停车费率、总停车时长、停车位剩余、累计停车数。

(2)停车位信息:停车位编号、使用状态、大小。

(3)车辆信息:车牌号;用户信息:ID、月卡、年卡。

(4)道路信息:平均行驶车速、道路等级。

(二)数据处理层

通过大数据分析支撑平台,建立停车出行服务数据分析技术模型,包括操合模型、概念模型、逻辑模型、基于 HTTP 协议的计算机应用信息系统;建立城市全方位一体化出行特征辨识及需求预测技术、多维交通运行精确感知与一体化监测技术及应用等。

在移动客户端与服务器的数据交互中,HTTP 协议的应用非常广泛。它是一种通用的、不分状态(stateless)的协议,可以采用不同的编码方式进行数据传输。在网络通信中,根据不同的需求采用 HTTP 协议或 TCP 协议结合 XML 或 JSON 等方式进行数据交互方式设计。

1. HTTP 协议

HTTP 就是超文本传输协议,它是一个客户端和服务器端请求与响应的标准。服务器端一般指的便是网站,通常客户端发送 HTTP 请求到 80 端口,在服务器与客户端之间可能存在中间层。在通常的应用中,HTTP 客户端发送请求,然后一个指向 80 端口的 TCP 连接建立,HTTP 服务器收到请求后便做出响应,发回一个状态行。此外 HTTP 具有简单快速并且无状态的特点。

2. TCP 协议

TCP 协议就是传输控制协议,面向连接并且基于字节流的传输层通信协议。TCP 连接有连接建立、数据传输、连接终止三个状态。TCP 协议有着很多优点,例如面向导向的连接,正确性高,采用双工模式,采取以字节为单位的字节流传输方式。

3. XML 技术

XML 是可扩展标记语言,属于标准通用语言的范畴,是一种简单便捷的数据储存语言,同时具有强大的结构化文档处理能力。

4. JSON 技术

JSON 是目前流行的一种轻型数据交互格式,它基于 JavaScript 的一个子集,采取完全与语言独立的文本格式。在轻量级数据交互中以其易于编写及解析的特点而得到广泛应用。在Android应用开发中,小型数据流采用JSON方式最适合。

(三)业务应用层

1. 规划普查体系

(1)资源普查。

停车资源普查主要解决对停车数据的准确掌握问题,通过调查,摸清设施情况和车辆停放情况,为信息化统计分析提供准确的基础数据。停车资源普查包括全流程管理和实施工作,涵盖方案设计、数据融合、数据验证、数据分析阶段。其中数据融合、数据验证是保障数据质量的重要阶段;同时通过数据分析发现问题,采取应对措施、制定相关策略并实施以解决问题。

(2)停车热点区域综合分析。

老旧小区、商业区、办公区、医院、学校等停车矛盾较大、问题突出的停车热点片区,是政府部门开展停车改善的焦点。针对此类区域复杂的停车问题,需在分析各热点片区停车特征及问题的基础上,结合片区的用地状况及停车需求发展趋势,提出缓解停车矛盾的思路和策略。

(3)停车位信息预测。

目前,大多数停车场应用的系统一般都只能在停车场外的信息屏幕上显示实时的停车位信息,而无法对未来短时间内的停车位信息进行预测,导致许多驾驶人在停车场外看到的停车位信息与到达停车场时的实际停车位信息差别很大。因此,停车场外的信息屏幕上应该也包括未来短时间内的停车位信息,这就要求停车场管理系统通过停车位占有率预测模型对未来短时间内的停车位信息进行预测。

(4)停车场规模预测。

城市停车场规模预测对于城市交通的发达程度、城市土地利用合理程度是一个重要的评价标准。因此,以合理的方法规划城市停车场,评估城市停车场规模尤为重要。使用GIS对停车场进行规划设计,通过分析居住人口、私人小汽车保有量,对停车场规模进行合理预测。

(5)停车需求预测。

城市停车需求预测是解决城市停车问题的关键点,预测得到合适的需求量,将会避免社会资源的不必要浪费。通过停车需求影响因素分析,建立停车需求预测模型,预测结果可以为停车场建设提供依据。

2. 指挥调度体系

(1)综合监控。

从监控系统的适用性、经济性、先进性、灵活性、可靠性和可扩展性等多方面出发,综合设计确保系统的功能更加完善,性能更加稳定可靠,政府通过该系统可以进一步提高管理水平并防患于未然,为智能管理系统提供一个先进的管理平台和相应的可视的管理手段。

(2)诱导调度。

国内的城市,尤其是大城市在停车管理方面除了制定有效的车辆停放管理的法规,还需要运用先进的信息技术,传输技术及计算机技术建立相应的停车诱导系统(PGS),从而改善城市交通状况,减少或杜绝乱停乱放、占用非停车用地现象,发布停车场、库及其停车位信息,引导驾驶人可靠、高效地找到合适的停车位,缩短停车时间。

(3)远程控制。

远程控制集成系统应用于停车场整体管控,将数字视频处理、自动控制、网络传输、大数据平台和人工智能等技术相融合,对停车场每天的车流量统计和运营流程进行全方位监控,实现优化停车位使用率、合理分配人员职责、用户反馈收集,以及突发事件即时处理和数据可查等管理模式,进一步落实无人值守概念,大幅度降低人力成本。

(4)智能预警。

城市停车管理平台实行红、黄、绿“动态三级预警”机制,根据车辆违停执法的数据统计确定热点停车路段,通过数据比对,区别出重点管理对象加强监管,实现政府管理精细化。

政务共享体系中管理部门包括治安、交警、规划、发展和改革、税务等,通过停车管理平台,实现各部门数据共享,各司其职,共同治理停车管理问题。运营管理公司层面实现的功能主要包括:实时监控、资源管理、用户管理、绩效管理、运维管理、集中管理、决策分析、消息推送等。用户层面实现的功能主要包括:查询停车场信息及路线导航、停车预约、停车共享、无感支付、错峰停车、新能源汽车充电等。

第四节　城市智慧停车综合服务研判分析

城市智慧停车管理平台通过采集各停车场运营大数据，为运营和管理提供智能研判分析。系统利用大数据技术，具有采集平台的各类停车信息分析研判功能，包括利用率分析、周转率分析、占有率分析、违停分析、供需分析、收费区域分析、停车热点区域综合分析、停车位信息预测等，为政府决策、行业治理与企业管理水平提升，提供强大的数据支撑。

一　利用率分析

利用率分析功能模块通过时间、空间等不同维度，对全市及各行政区停车利用率进行专项分析，通过总体利用率、差异化收费前后利用率对比、各行政区利用率指数，能够全面掌握各区域的停车场利用情况，对后期的建议及停车收费价格的调整提供理论依据。通过基本和出行停车指数、高峰停车指数、平均停车指数、各功能区日均利用率、各功能区 24h 利用率，得出全市停车情况的利用率分析结果，反映出全市停车场在某一时段的拥挤程度，并给出适当的总结及建议，为政府决策提供有价值的理论参考依据。

二　周转率分析

周转率分析功能模块能够从空间上按市、区域、商圈等不同维度对全市停车周转率进行专项分析，通过关键停车指数，包括总体周转率、差异化收费前后周转率对比、各行政区周转率、各功能区平均停车时长、各功能区临停车次占比、各功能区工作日停车流量等，反映一段内时间内(时间可自定义)停车位的平均使用次数。为管理规划者寻找停车需求发展趋势、解决停车问题提供数据支撑。

三　占用率分析

占用率分析功能模块能够从时间上按月、年(时间可自定义)，从空间上按市、区域、重点商圈等不同维度，对全市停车占用率进行专项分析，通过专业的分析数据，得出全市停车情况的占用率分析结果，并给出适当的总结及建议，为政府决策提供有价值的理论参考依据。

四　违停分析

违停分析是对重点区域或商圈违法停车情况进行统计分析。根据日均违停数量、违停变化趋势、违停原因分析、违停高发地点等分析结论，给出适合的结论及建议，为管理人员提供相应的整治提示、高峰时刻疏导等建议。

五　供需分析

供需分析是对城市重点区域及景点的停车位缺口率及供需关系进行综合分析。比较近5年内的需求增长率、汽车保有量增长率、停车位数增长率、基本和出行缺口率的变化趋势，便于推断后期的停车位需求量。通过重点地区停车位缺口数、供需对比结果及所有数据信息，系统将提出相应的结论和建议，有助于管理者及时采取解决措施，以增加停车位供应量，或采取措施加大停车位利用率及周转率。

六　收费区域分析

收费区域分析即把各个区域的收费级别划分为不同等级，系统支持收费区域查询、收费级别查询及组合查询，与地图联动显示收费区域的位置和相关的收费信息，便于查询和管理。收费区域分析界面如图4-32所示。

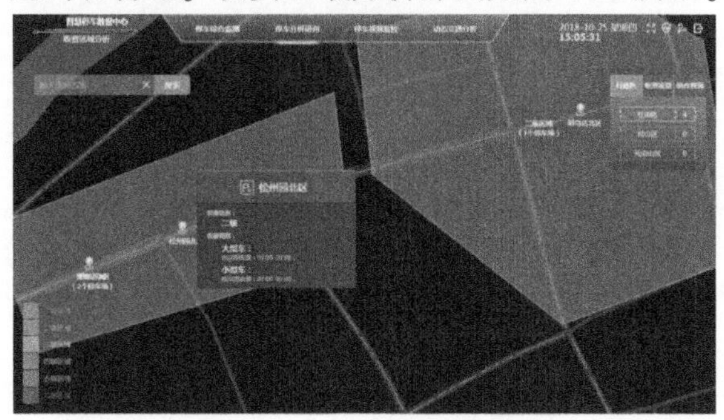

图4-32　收费区域分析界面

七 停车热点区域综合分析

交通管理平台通过接入全市路内外停车场数据,对停车场数据进行挖掘与分析,不仅能够明确用户停车规律,以可视化的方式解读城市停车特征,而且便于用户合理安排出行时间及地点,避开出行高峰期,缓解停车用车难问题,从而提高用户出行体验、参与度、满意度等。

(一)数据预处理

1. 数据清洗

因数据集存在一定的冗余和空值数据,从而影响本书后续的研究,因此本书首先对数据进行数据清洗。具体来说,即调用 python 中的 dropduplicates 和 drop 函数,去除数据中冗余重复以及空值的记录。

2. 坐标转换

Geohash 算法是一种加密的数据编码技术,用来保护用户隐私而不至于暴露精确的地理位置。原数据集中的位置数据不便于进行后续分析,因此需要将其转换为经纬度坐标。具体操作是通过 Geohash 算法编码的逆过程,将出行数据转换为经纬度坐标。

(二)出行时空分析

1. 时间分析

根据停车场数据,分别计算工作日和非工作日在每个时间段停车利用率、周转率等指标,总结分析工作日与非工作日停车情况。

2. 空间分析

采用距离公式求解出行数据中起点和终点之间的距离,得出每个工作日和每个非工作日的出行距离分布,绘制停车区域热力图。

(三)密度峰值聚类算法

本书采用密度峰值的聚类算法对停车数据进行聚类分析,聚类得到的类簇即为停车热点区域。本节给出了挖掘出行热点区域的具体实现流程,该算法的实现流程如图 4-33 所示。

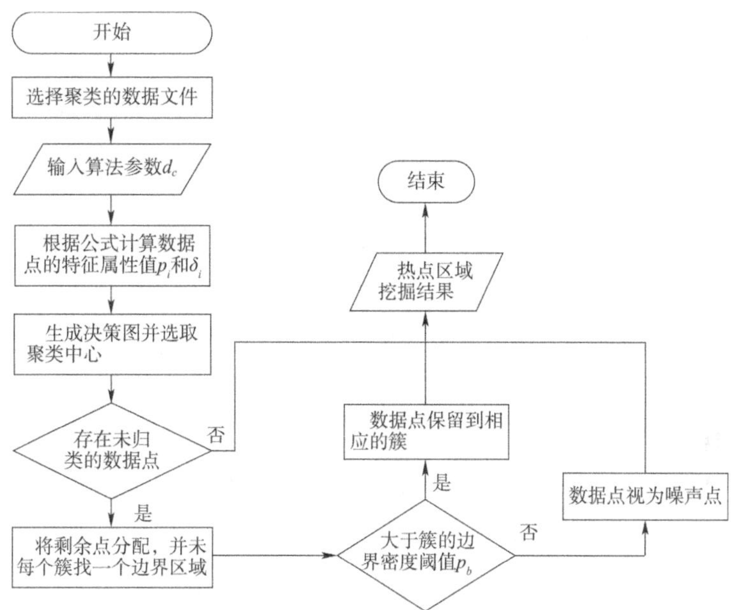

图 4-33　密度峰值聚类算法流程图

(四)热点区域的挖掘与结果分析

基于密度峰值聚类算法挖掘出在不同时间段的停车热点区域,并进行热点区域可视化分析。停车热点区域分析示意如图 4-34 所示。

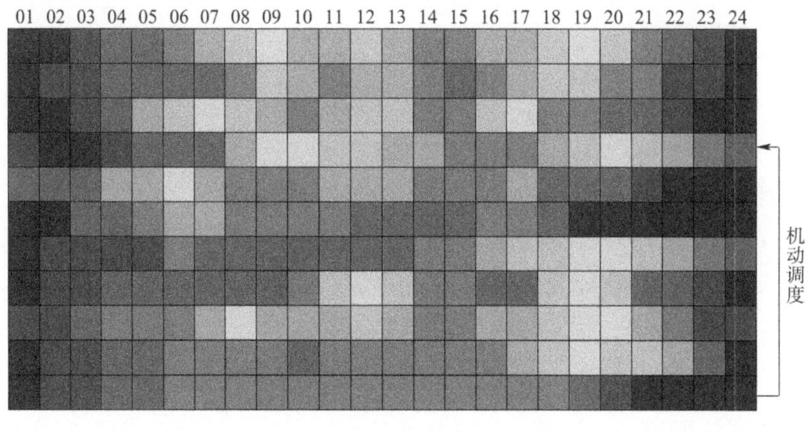

图 4-34　停车热点区域分析图

八 停车位预测分析

（一）预测模型构建步骤

在对停车位占有率进行预测之前，先要创建 BP 神经网络模型，BP 神经网络模型的创建主要分两步进行。

第一步，对 BP 神经网络进行训练：①根据用户自己设定的 BP 网络的输入层结构、隐含层结构以及输出层结构，创建一个最初的 BP 神经网络模型。②从训练样本中提取出数据作为 BP 神经网络的输入输出数据，传送给 BP 神经网络。③对 BP 神经网络进行训练，当训练产生的误差满足规定的误差范围时，对 BP 神经网络的训练结束。

第二步，对 BP 神经网络进行测试：进行 BP 神经网络测试的目的是对网络泛化能力的检验。泛化能力亦指推广能力，是指经过训练的 BP 神经网络针对样本集中除训练样本外的测试样本，仍然能根据其输入数据得出正确的输出数据。从样本集中提取出测试样本传送给 BP 神经网络，对网络进行测试。若测试的结果表明网络的泛化能力满足要求，则保存训练好的 BP 神经网络的网络结构及相应的连接权值、阈值等学习参数，此时 BP 神经网络可以用来预测；若网络的泛化能力不能满足要求，则重新调整 BP 神经网络的网络结构，返回第一步再次训练网络。

（二）BP 神经网络网络拓扑结构的设计

1. 输入、输出层的确定

BP 神经网络的输入、输出层神经元的个数通常是根据需求来设计的，设计时应遵循以下基本原则：尽量缩减模型的结构以使网络的学习时间减短、系统复杂性降低。针对本书设计的停车位占有率预测模型，BP 神经网络的输入、输出如图 4-35 所示。

2. 隐层的确定

隐层神经元个数太少则不能反映出相应的输入与输出关系，神经网络无法训练成功;而隐层神经元个数过多,又会使网络的复杂度加大,网络训练时计算量过大。对于隐层神经元个数的选取应遵循在能正确反映相应输入、输出关系的基础上,尽可能地减少隐层神经元个数,以使网络更加简单化的基本原则。目前采用最多的方法是根据经验来设定隐层神经元个数,然后通过试验来最终确定。

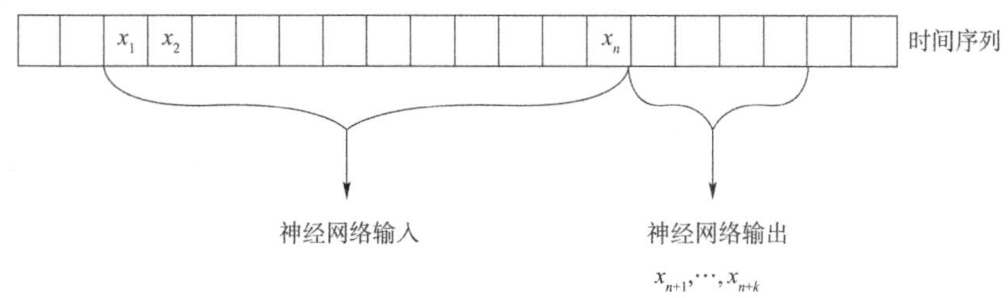

图 4-35　BP 神经网络的输入、输出

(三)神经元激励函数的选定

隐层神经元一般采用 S 型函数作为激励函数。在考虑输出层神经元的激励函数时,因为输出数据是停车位占有率的值,其范围属于(0,1),而 S 型激励函数其逼近速度快,但网络的输出被限制在(-1,1)范围,因此,本书设计的 BP 神经网络输出层神经元的激励函数也选用 S 型函数。S 型激励函数具体形式见式(4-1)。

$$f(x) = a \cdot \frac{e^{bx} - e^{-bx}}{e^{bx} + e^{-bx}} \tag{4-1}$$

式中,$a = 1.7159$,$b = 2/3$。

(四)权值、阈值的初始值域的确定

在创建神经网络模型时,也要对网络的连接权值和阈值赋初始值,权值和阈值对神经网络的学习效果影响很大。如果初始值选取过大,则输入数据加权后会落在激活函数的饱和区域,在其导数 $f(x)\to 0$ 时,学习速率 η 也趋于 0,使得权值修正量趋于 0,以至于误差反向传播的过程停顿。所以为了使神经元的权值能够最大限度调节,一般选取权值和阈值的初始值域为(-1,1)。

（五）网络学习速率的确定

通常情况下，为了保证系统的稳定，会选择较小的学习速率，一般取0.01。

在创建BP神经网络时，应以不同的学习速率对网络进行训练，通过每一次网络训练产生的误差下降速度来判定学习速度的大小是否合适。如果误差下降很慢，说明学习速率过小；若出现误差的震荡，说明学习速率过大。

第五章
CHAPTER 5

面向停车资源管理和综合服务的区域停车场评价体系研究

第一节　区域停车场评价内涵

本节分别从单个停车场、区域停车场评价等方面介绍停车场评价的国内外研究现状，总结区域停车场评价指标及方法，为面向停车资源管理和综合服务的区域停车场评价体系建立提供理论依据。

一　国内研究现状

在停车场评价指标体系方面，国内外很多学者对于单个停车场和区域停车场的评价角度、评价指标及其体系、评价方法与模型等进行了大量的研究。

在评价单个停车场方面，成俊梅从运行效率和服务水平两个方面对配建停车场进行综合评价，其中考虑运行效率的指标包括停车场利用率标准差指数、停车场周转率，考虑服务水平的指标包括服务半径、可达性、收费标准和附加值服务。于定勇从系统效益、经济效益和社会环境效益三个方面对居住区停车场进行综合评价，其中考虑系统效益的指标包括交叉路口拥堵程度、随意停车现象、高峰时间停车位利用率等，考虑经济效益的指标包括停车价格与停车时间的关系、时间节省和油耗等，考虑社会环境效益的指标包括交通方式的衔接、交通污染、停车设施对住宅区景观的影响程度等。

在评价公共停车场方面，因评价主体不同，其关注的问题、评价的项目和评价指标也有所差异。在停车场评价主体研究方面，多数研究侧重于单一评价主体，分别从停车场使用者、停车场经营者、政府管理者、停车场周边居民等角度介绍并分析不同评价主体关注的问题、评价的项目和评价指标的差异。部分研究者综合考虑停车场使用者、经营者等多个评价主体。沈旗等从停车场经营者和使用者两个角度，系统分析了停车场固定资产投资额、停车场日常性费用、停车场投资回收期、停车场对周边交通的影响、停车场对环境和社会的影响、步行距离、停车场通达性、停车等待时间、停车场收费、停车场安全因素、停车场附加值服务吸引力等评价指标，建立和完善了停车场评价指标体系，最后通过问卷调查证明了停车场指标体系的合理性。张毅从停车场使用者、经营者、周边居民和政府四个不同的角度，分别评价了停车场服务半径、内部经济收益率、环境污染、违法停车率等指标,建立和解析了城市公共停车场规划评价指标体系,为停车场规划方案的科学选优提供了决策依据。

在评价区域停车场方面,蔡家明主要考虑停车平均周转率、停车场利用率、高峰时段停放指数、停车者满意程度、步行距离、停车收费等指标,对上海部分区域停车场进行评价。陈峻主要从经济效益、城市交通总体效益、环境效益评价、土地使用效益四个方面对浦东新区社会停车场进行方案评价,其中经济效益评价包括投资者效益及使用者效益,考虑投资者效益的指标包括投资总成本、内部经济收益率,考虑使用者效益的指标包括停车者步行至目的地的距离、停车设施需求的满足程度、停车安全性及收费水平,考虑城市交通总体效益的指标包括对区域(非)机动车行驶速度、通行能力的影响以及对交通安全的影响,考虑城市环境效益的指标包括对噪声、废气以及对周围人文景观的影响。刘雪莲主要从停车场所、经营管理水平、停车行为及服务满意度三个方面对路边停车、占道停车、路外停车场、公共配建停车场、居住小区停车场、单位大院停车场进行停车收费绩效评价,其中经营管理水平包括停车费用、随意停车现象、停车组织的合理程度、停车信息化水平、停车位利用率等指标。郑研从道路宽度、交通延误、通行能力、交通安全等方面对路内停车场进行评价,从出入口的设置方式、位置、驶入率、相邻路段的交通流运行情况等方面对路外停车场进行评价。高雪峰主要从市场需求满足度、规模效应、经济效益、专业化程度等方面对杭州市城区公共配建停车场进行绩效评价,其中市场需求满足度包括需求总量、区域需求量、类型需求量等指标,经济效益包括社会主体投入比、政府投资收益率、社会投资收益率等指标,专业化程度包括管理水平、技术水平等指标。

随着运筹学和计算机优化控制理论的发展,学者们开展了停车场评价方法和模型的研究。蔡家明在对城市停车场信息和用户调查的统计分析基础上,运用模糊理论和层次分析法(Analytical Hierarchy Process,AHP)分析了停车平均周转率、停车场利用率、高峰时段停放指数、停车者满意程度等指标,构建了城市停车场运行状况评价模型和分析方法,并运用该模型对上海部分区域停车场进行评价,结果表明,所建立的城市停车场评价模型和分析方法是可行的。华剑烽等运用层次分析法将合理的城市停车诱导区域设置为目标层,准则层分为停车指标和动态交通指标,指标层包括信息诱导显示屏的服务半径、驾驶人对诱导信息的理解程度、分区与路网形态结构的适应性、分区对停车的吸引强度、交通组织的难易程度、停车位供应与停车需求的匹配程度等,对城市停车诱导分区建立了评价指标体系。陈峻从分析城市停车设施评价指标出发,提出决策矩阵的标准化及综合的多指标决策评价方法,在上海浦东新区停车场的规划和评价中得到很好的应用。停车场评价内容与指标见表5-1。

停车场评价内容与指标　　表5-1

停车场类别	运行效率	服务水平	系统效益	环境效益	停车设施管理水平	交通影响
单个停车场	利用率、周转率	服务半径、可达性、收费标准等	随意停车现象	噪声和污染,对居民、小区、景观的影响程度等	进出效率、缴费方式等	—
区域停车场	利用率、周转率	步行距离、停车收费等	停车组织的合理程度、随意停车现象	噪声、废气以及对周围人文景观的影响	信息化水平	交通阻碍率、交通延误、对通行能力的影响、对交通安全的影响

综上可知,国内学者已经在停车场评价主体、评价指标、评价方法与模型等方面形成了相关的理论体系。但仍然存在如下不足:评价指标多关注于运行效率、服务水平、环境影响等,在交通影响、信息化水平、供需情况等方面鲜有研究;在评价主体方面,研究多从经营者与用户的角度进行评价,而对政府管理决策行为的分析鲜有研究;研究集中于单个停车场,对区域停车场研究较少,未考虑不同类型停车场(公共、路内、配建、居住)运营、管理和服务需求的差异性。

二　国外研究现状

国外学者通常侧重于对停车场的运行指标、单一停车设施或系统进行评价。SUN从运营效率和服务水平两个方面对停车场绩效进行评价,基于多级模糊综合评价和层次分析法,建立了停车场运营效率、服务水平和综合水平的综合评价模型。Boyce和Bruno对停车场的光照系统进行了评价。Glass和Bissouma对停车场面临暴风雨时的排污系统进行了评价。Esmaeilian等从配电公司的角度对电动车停车场建设进行了技术经济评价。Thakare和Chavan对停车诱导和管理系统进行了性能评价。YIN通过实地调查,考虑土地开发强度、交通位置潜力、公共交通可达性、公共交通服务水平、停车场数量、房价和人口密度 7 个评价指标，采用熵权法确定各指标权重，建立了停车场评价指标体系。

综上所述，现有的评价多针对停车场系统的单一方面，国外学者对于停车场评价指标体系和停车场系统整体完备性的综合评价研究还比较少。

因此，有必要建立面向停车资源管理和综合服务的区域停车场综合评价指标体系。挖掘面向停车资源管理和综合服务的停车场运营、管理和服务需求，从运行效率、服务水平、交通影响、信息化水平、环境影响、停车设施供给情况等方面，建立政府、经营者、使用者等多评价主体的面向停车资源管理和综合服务的区域停车场（公共、路内、配建、居住）综合评价指标体系，综合评判并分析区域内停车运营、管理及服务的薄弱环节，提出政府管理决策、停车服务架构和对应策略。研究成果可成为区域停车资源管理与综合服务平台的内核，该平台可为提高停车场运行效率、提高公众出行服务水平奠定基础。

第二节　区域停车场评价理论方法

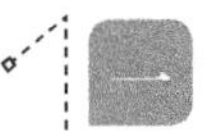

一　常用综合评价方法

综合评价是当一个复杂系统同时受到多种因素影响时，依据多个有关指标对系统进行评价。由于各种评价方法原理不同、适用范围不同，分析具体问题时很难选择适当的方法类型。基于此，本书就层次分析法、模糊评价法等几种较典型的评价方法进行比较研究，列出其优缺点及适用范围，并举例论证，为评价工作提供方法参考。

（一）层次分析法

层次分析法是美国运筹学家 Thomas L. Saaty 在 20 世纪 70 年代初提出的一种用于解决复杂问题排序和弥补传统主观定权缺陷的方法。该方法以系统分层分析为手段，对评价对象总的目标进行连续性分解，通过两两比较确定各层子目标权重，并以最下层目标的组合权重定权，加权求出综合指数，依据综合指数的大小来评定目标实现情况。层次分析法的步骤如下。

(1)建立递阶层次分析结构。

应用层次分析法分析问题时,首先把问题层次化,构造出有层次的结构模型。在这个层次结构中,最高层即为目标层,只有一个元素,表示分析问题的预定目标;其次为准则层,包含有为评价目标层所涉及的相关环节或因素,可由若干个层次组成。

(2)构造两两比较判断矩阵。

层次结构反映了选取要素之间的关系,但准则层中各准则在目标衡量中占的比重在决策者眼中不一定相同,完成递阶层次结构后,按照目标、准则、子准则顺序结构,依次分析各层次各评价项目的相互关系。

(3)一致性检验。

设矩阵为 $\boldsymbol{A}$,如果 $\boldsymbol{A}$ 具有完全一致性,通过一致性检验,但在实际中所构建的矩阵一般无法做到完全一致,因此,只要所构建矩阵具有相对一致性就能满足需要。计算对比矩阵一致性,见式(5-1)。

$$\mathrm{CR}=\frac{\mathrm{CI}}{\mathrm{RI}} \tag{5-1}$$

式中,CI 为一致性指标;RI 为随机一致性指标值;CR 为一致性指标值。

当 $\mathrm{CR}<0.1$ 时,认为矩阵 $\boldsymbol{A}$ 的一致程度可被接受;如果 $\mathrm{CR}\geqslant 0.1$,则认为矩阵 $\boldsymbol{A}$—致程度无法接受,需要对矩阵中的元素进行调整,直到矩阵满足一致性。

(4)模糊综合评价。

在对物流模式竞争力各因素评价中,由于某些因素存在一定程度的模糊性,没有十分明确的界限,不存在绝对精确的肯定与否定,因此,根据各模块权重,建立模糊评价,运用模糊运算法则,对非线性的评价进行量化综合,从而得到可比的量化结果。具体过程是将评价目标建立评价因素集,再对这些因素构造评语集,组成评语的模糊集合,分别求出单因素对各个评语等级的归属程度,然后根据各因素在评价目标中的权重分配,通过模糊矩阵计算出最后的定量解值。最后根据解值分析与总结最终的结论。

(二)模糊评价法

模糊评价法(Fuzzy Comprehensive Evaluation,FCE)借助于模糊数学,运用模糊关系合成原理将模糊概念定量化,以此对评判对象的优劣等级进行综合评价。

模糊综合评价是一种对复杂多因素系统综合评价的常见方法，也被称作模糊多元决策。该方法根据模糊隶属度最大和线性变化原则，全面综合考虑被评价系统的各个评价指标，并对系统作出合理的综合评价。在综合评价技术方案的选择时，由于众多评价指标具有各自不同的层次，这使得评价者难以分配各因素权重，对此多层模糊综合评价法具有很好的评价优势。因此，模糊综合评价在评价多层次、多因素的复杂系统时具有良好的实用性。

模糊综合评价的步骤可以简单描述为：①确定评价对象的多因素评价指标体系，再依据这些指标体系设定评价集，得到评语模糊集合；②确定各个指标的作用权重，计算得到各评价指标因素的隶属函数值，得到模糊评价矩阵；③选取模糊算子获得具体的定量化评价。

模糊评价指标处理在获得权重$b_j(j=1,2,3,\cdots,m)$矩阵具体值之后，就需以此为基础确定最终的评价结果。在此可供最后确定的方法有以下几种。

1. 最大隶属评价结果确定法

选择$b_j(j=1,2,3,\cdots,m)$中分值最大的那个评价元素作为评价结果，舍弃其余分值的评价元素。可能遇到的问题是在出现分值一致的情况下无法做出选择。

2. 模糊分布评价结果确定法

不集中突出某一评价元素的分值，可以通过归一化处理直接展示所有评价元素的分值情况。

3. 加权平均评价结果确定法

先对评价元素进行赋值，并以b_j作为权重，通过加权平均法得出最终评价结果。相对来说，这是更常用的一种方法。

（三）秩和比法

秩和比法（Rank-sum ratio，RSR）是1988年我国统计学家田凤调教授提出的一种参数统计与非参数统计相结合的方法。该法以秩和法为基础，取各指标数与个体数秩和的平均值，得出一个具有0～1连续变量特征的非参统计量，即秩和比RSR。根据RSR的大小评价事物的优劣等级以及进行分档排序。

秩和比法是一种将古典参数统计和近代非参数统计结合，并融其各自优点于一身的统计分析方法，适合对行列表格的资料进行综合评价，也可应用于分类及计量资料的综合评价。该方法的初衷主要是为了在医疗卫生领域进行多指标的综合评价分析、统计预报预测以及统计质量管控等。秩和比指在多指标综合评价中，多个评价指标秩次的平均值，为 0 ~ 1 的连续变量，并且是非参数统计量。在综合评价中，秩和比的值能够包含所有评价指标的信息，显示出这些评价指标的综合水平，RSR 值越大表明综合评价越优。

秩和比法的基本步骤如下。

（1）根据评价的目的，选择适当的评价指标。考虑到 RSR 综合力很强的特点，应首先选择出最合适的评价指标，以适应其评价目的。

（2）确定各指标权重。

（3）列原始数据表。按评价对象为行（n 个），评价指标为列（m 个），将原始数据排列成矩阵表（n 行 m 列）。

（4）编秩。对各项指标按照不同评价对象值的大小以及指标的不同类型进行排序并编秩。

（5）计算秩和比。计算出秩和比值，并将评价对象按秩和比值的大小进行排序。

（6）确定 RSR 的分布。将 RSR 值按照从小到大的顺序排列，计算向下累计频率，并据此查“百分数与概率单位对照表”，求其所对应概率单位 Y 值。

（7）计算回归方程，见式（5-2）。

$$\widehat{\mathrm{RSR}} = a + bY \tag{5-2}$$

式中，将上述得到的概率单位值 Y 当作自变量，将 RSR 值作为因变量，a、b 为常数项。

（8）分档排序。按照最佳分档原则对评价对象进行分档归类。

（9）最佳分档的检验。在分档之后对分档结果进行方差一致检验，要求各档差异具有统计学意义。

（四）综合指数法

综合指数法（Compositive Index Method，CIM）是最基本、最简便的综合评价方法，是用单一统计指标定量地反映多个指标综合变动水平的一种方法。其基本思想是将不同性质、不同单位的各种实测指标值通过指数变换，加权得出综合指数，对综合指数进行比较分析，评价其优劣。

(五)Topsis 法

Topsis(Technique for order preference by similarity toideal solution)法即逼近理想解排序法。它是基于归一化后的原始数据矩阵,找出最优方案和最劣方案,通过计算评价对象与最优方案和最劣方案的距离,获得评价对象与最优方案的接近程度,并以此评价各对象的优劣。

(六)主成分分析法

主成分分析的原理是设法将原来变量重新组合成一组新的相互无关的几个综合变量,同时根据实际需要从中可以取出几个较少的综合变量,尽可能多地反映原来变量的信息,这种统计方法叫作主成分分析或称主分量分析,也是数学上处理降维的一种方法。主成分分析是设法将原来众多具有一定相关性的指标(比如 P 个指标),重新组合成一组新的互相无关的综合指标来代替原来的指标。通常数学上的处理就是将原来 P 个指标做线性组合,作为新的综合指标。最经典的做法就是用 F1(选取的第一个线性组合,即第一个综合指标)的方差来表达,即方差越大,表示 F1 包含的信息越多。因此在所有的线性组合中选取的 F1 应该是方差最大的,故称 F1 为第一主成分。如果第一主成分不足以代表原来 P 个指标的信息,再考虑选取 F2(即选第二个线性组合),为了有效地反映原来信息,F1 已有的信息就不需要再出现在 F2 中,用数学语言表达就是要求 Cov(F1,F2) =0,则称 F2 为第二主成分,依此类推可以构造出第三、第四……第 P 个主成分。

(七)灰色关联度法

邓聚龙教授发表的论文《灰色系统控制》标志着灰色关联理论的创立。灰色关联分析是通过确定备选方案与理想方案之间的关联程度进行决策的方法,它根据两种方案之间相关因素随着时间或者对象不断变化情况,通过考察备选方案与优选方案时间序列曲线的变化,来判断两者之间的关联程度。在对备选方案与理想方案考察的过程中,两种方案需要选择相同因素、相同方法来进行比较,两种方案的较大关联度表现为两方案因素变化的一致性程度,若具有较大一致性则该备选方案为优方案,反之则为劣方案。这种用于度量随着时间变化因素之间关联性大小的尺度为灰色关联度。灰色关联分析以灰色关联度为标准,对时间序列曲线进行分析,其时间序列曲线的相似度越大则表明两者的灰色关联度越大。

对于两个系统之间的因素,其随时间或不同对象而变化的关联性大小的量度,称为关联度。在系统发展过程中,若两个因素变化的趋势具有一致性,即同步变化程度较高,即可谓二者关联程度较高;反之,则较低。因此,灰色关联分析方法,是根据因素之间发展趋势的相似或相异程度,即"灰色关联度",作为衡量因素间关联程度的一种方法。灰色系统理论提出了对各子系统进行灰色关联度分析的概念,意图通过一定的方法,去寻求系统中各子系统(或因素)之间的数值关系。

灰色系统理论为项目优选决策提供了指标量化度量的方法,通过对各方案之间相同的因素进行灰色关联度分析,得出各方案之间相同因素的数值关系。

本书中,智慧停车项目指标权重确立应用到灰色关联分析的方法,模型如下:

(1)建立指标矩阵,见式(5-3)。

$$\boldsymbol{A} = [x_{ij}]_{m \times n} \tag{5-3}$$

式中,m 为优选项目数目,n 为指标个数,各指标权重记为 $\boldsymbol{W} = (w_1, w_2, w_3, \cdots, w_n)$。

(2)在指标矩阵 $\boldsymbol{A}$ 的基础上赋予权重,构造权重矩阵 $\boldsymbol{B}$:$\boldsymbol{B} = \boldsymbol{AW}$。

(3)根据权重指标矩阵可得正负理想方案a^+与a^-。

(4)计算各个方案与正负方案之间的关联度。

(5)计算各方案与理想方案的相对贴近度。

(6)相对贴近度大的方案为最优方案,并可按照贴近度的大小对各备选方案进行排序。

(八)数据包络分析法

数据包络分析(Date Envelopment Analysis,DEA)法,主要应用于评价部门间的相对有效性,从生产函数的角度看,它利用线性规划或其对偶的手段估计出有效的生产前沿面。这一模型是用来研究具有多个输入,特别是具有多个输出的"生产部门",同时为评价"技术有效"与"规模有效"的一种较理想且有效的方法。但其也存在一些局限:决策单元相对效率只能通过投入或产出测算,且两种角度的测算结果通常不相同，而不能同时通过投入和产出测算；决策单元是否相对有效还须在相应的数学规划中引入无穷小“ε”后才能做出判断。此外，该方法在适应性方面还有待进一步探讨。

DEA评价方法步骤如下：①明确评价目标，并围绕目标对评价对象进行分析。②选择决策单位（DMU），并对其结构、层次进行分析。③建立能够全面反映评价目标和评价内容的输入输出指标体系。④收集并整理数据，根据研究问题的实际背景选择DEA模型进行计算。⑤对计算结果进行分析。

通过上述分析，结合实际研究中各种评价方法的特点，对其适用情况、优缺点归纳见表5-2。

不同评价方法的比较　　表5-2

方　法	适用情况	优　点	缺　点
层次分析法	层次分析法适用于多目标决策，用于存在多个影响指标的情况下，评价各方案的优劣程度。适用于一个决策受到多个要素的影响，且各要素间存在层次关系，或者有明显的类别划分，同时各指标对最终评价的影响程度无法直接通过足够的数据进行量化计算的情况	（1）分层确定权重，以组合权重计算综合指数，减少了传统主观定权存在的偏差。 （2）把实际中不易测量的目标量化为易测量的指标，未削弱原始信息量。 （3）不仅可用于纵向比较，还可用于横向比较，便于找出薄弱环节，为评价对象的改进提供依据	（1）在一致性有效范围内构造不同的判断矩阵，可能会得出不同的评价结果。 （2）运用九级分制对指标进行的两两比较，容易做出矛盾和混乱的判断。 （3）通过加权平均、分层综合后，指标值被弱化
模糊评价法	模糊评价法常用于不能准确度量的事物的评价，如质量评估、风险决策等。在对结果向量进行比较分析时可采用两种方法，即最大隶属度法和加权平均法	可以将不完全信息、不确定信息转化为模糊概念，使定性问题定量化，提高评估的准确性、可信性	（1）只考虑了主要因素的作用，忽视了次要因素，使评价结果不够全面。 （2）当指标数较多时，权重向量 W 与模糊矩阵 R 不匹配，易造成评判失败。 （3）评价的主观性明显
秩和比法	秩和比法适用于有异常值或为0的指标值，可用于统计预测、因素与关联分析、鉴别分类与决策分析等	（1）不引入主观变量，克服了主观定权的缺陷。 （2）综合能力强，可作为一个专门的综合指标来进行统计分析。 （3）可以进行分档排序，消除异常值的干扰，显示数据间的微小差异	（1）指标值进行秩代换的过程中有可能会损失一些信息，导致对信息利用不完全。 （2）对离群值不敏感

续上表

方法	适用情况	优点	缺点
综合指数法	综合指数法适用于评价目的、标准有明确规定,评价对象差异不太悬殊,各单项指标值波动不太大时,如技术创新和能力评价等	(1)评价过程系统、全面,计算简单。 (2)数据利用充分,通过对综合指数和个体指数的分析,找出薄弱环节,为改进提高提供依据	(1)对比较标准依赖太强,同时标准的确定较为困难。 (2)指标值无上下限,若存在极大值会影响评价结果的准确性
Topsis 法	Topsis 法适用于指标数和对象数较少时,用于部门整体评价、效益评价等	(1)对样本资料无特殊要求。 (2)比较充分地利用了原有的数据信息,与实际情况较为吻合。 (3)可对每个评价对象的优劣进行排序	(1)当两个评价对象的指标值关于最优方案和最劣方案的连线对称时,无法得出准确的结果。 (2)只能对每个评价对象的优劣进行排序,不能分档管理,灵敏度不高
主成分分析法	常用于减少数据集的维数,同时保持数据集中的对方差贡献最大的特征	(1)可消除评估指标之间的相关影响。因为主成分分析法在对原始数据指标变量进行变换后形成了彼此相互独立的主成分,而且实践证明指标间相关程度越高,主成分分析效果越好。 (2)可减少指标选择的工作量,对于其他评估方法,由于难以消除评估指标间的相关影响,所以选择指标时要花费不少精力,而主成分分析法由于可以消除这种相关影响,所以在指标选择上相对容易些。 (3)主成分分析中各主成分是按方差大小依次排列顺序的,在分析问题时,可以舍弃一部分主成分,只取前面方差较大的几个主成分来代表原变量,从而减少了计算工作量。用主成分分析法作综合评估时,由于选择的原则是累计贡献率≥85%,不至于因为节省了工作量却把关键指标漏掉而影响评估结果	(1)在主成分分析中,我们首先应保证所提取的前几个主成分的累计贡献率达到一个较高的水平(即变量降维后的信息量须保持在一个较高水平上),其次对这些被提取的主成分必须都能够给出符合实际背景和意义的解释(否则主成分将空有信息量而无实际含义)。 (2)主成分的解释其含义一般多少带有点模糊性,不像原始变量的含义那么清楚、确切,这是变量降维过程中不得不付出的代价。因此,提取的主成分个数 m 通常应明显小于原始变量个数 p(除非 p 本身较小),否则维数降低的"利"可能抵不过主成分含义不如原始变量清楚的"弊"。 (3)当主成分的因子负荷的符号有正有负时,综合评价函数意义就不明确

续上表

方　法	适用情况	优　点	缺　点
灰色关联度法	灰色关联度分析对于一个系统发展变化态势提供了量化的度量，非常适合动态历程分析	灰色关联分析是按发展趋势做分析，因此，对样本里的多少没有过多的要求，也不需要典型的分布规律，而且计算力比较小，其结果与定性分析结果会比较吻合。因此，灰色关联分析是系统分析中比较简单、可靠的一种分析方法	需要对各项指标的最优值进行现行确定，主观性过强，同时部分指标最优值难以确定
数据包络分析法	适用于评价多输入多输出的大系统	（1）DEA 方法无须指定投入产出的生产函数形态，因此，可评价具有较复杂生产关系的决策单元（Decision Making Uniti，DMU）的效率。 （2）DEA 中模型的权重由数学规划根据数据产生，不需要事前设定投入与产出的权重，因此，不受人为主观因素的影响	DEA 方法的缺点在于它衡量的生产函数边界是确定性的。因此，所有随机干扰项都被看成是效率因素。同时，该方法的评价容易受到极值的影响

二　区域停车场模糊综合评价方法的选定

考虑到区域停车场项目综合评价涉及多种学科，技术复杂，系统性、综合性强，存在大量模糊信息，根据上一小节中对各种评价方法的比较，可以看出模糊综合评价法是在模糊的环境中，综合考虑多种因素的影响，对某事物关于某种目的做出综合判断或决策的方法，可以处理用其他方法无法处理的模糊信息，较好地解决定性指标的定量化问题，具有系统性和模糊性的特点。

针对模糊综合评价方法的缺点，本章第三节在建立综合评价指标体系时采用了 DEMATEL 方法对初选综合评价指标体系进行了筛选和优化，确立了合理、完善、简明的综合评价指标体系，很好地避免了指标间相关造成的评价信息重复问题。

通过对模糊综合评价方法和层次分析法的优缺点比较，本书中采用一种将层次分析法与模糊综合评价法相结合的集成评价方法，即区域停车场综合评价方法，该方法既增加了综合评价过程的客观性，又保持了指标的模糊性，即将层次分析法定量性和客观性的优点与模糊综合评价法的包容性有机融合，主要体现在将评价指标体系划分成递阶层次结构，运用层次分析法确定各指标的权重，然后分层进行模糊综合评判，最后综合出总的评价结果。

第三节　区域停车场指标体系构建

本书挖掘面向停车资源管理和综合服务的停车场运营、管理和服务需求，从运行效率、服务水平、交通影响、信息化水平、环境影响、停车设施供给情况 6 个方面，建立政府、经营者、使用者等多评价主体的面向停车资源管理和综合服务的区域停车场（公共、路内）综合评价指标体系。

综合评价指标体系一级指标包括运行效率、服务水平、交通影响、信息化水平、环境影响、停车设施供给情况 6 个指标。

(1)运行效率包括停车场高峰时段停放指数、区域停车场利用率、区域停车场周转率 3 个二级指标。

(2)服务水平包括停车场至目的地步行距离、停车场可达性、停车场收费价格满意度、区域停车场违停率 4 个二级指标。

(3)交通影响包括区域交通阻碍率、区域交叉路口时间延误、区域事故率、出入口总流率 4 个二级指标。

(4)信息化水平包括区域停车诱导覆盖率、区域停车预约率、区域停车共享率、区域智能缴费覆盖率 4 个二级指标。

(5)环境影响包括振动和噪声影响程度、环境污染程度、景观影响程度 3 个指标。

(6)停车设施供给情况包括单位面积停车位数 1 个二级指标。

综合评价指标体系共包括 19 个指标，如图 5-1 所示。

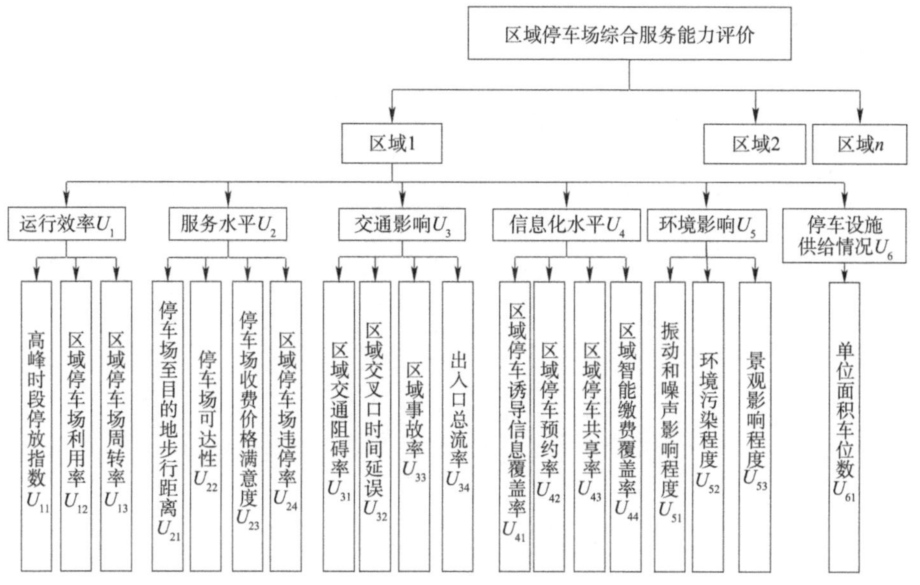

图 5-1　区域停车场综合评价指标体系

一　停车场运行效率指标

（一）停车场高峰时段停放指数

停车场高峰时段停放指数是指某一停车设施，在高峰时间段内停放车辆数与该停车设施停车位容量之比，该指标反映了停车的拥挤程度。

（二）区域停车场利用率

区域停车场利用率指单位停车位在工作小时内的使用效率，其计算公式为：

$$g_n = \frac{\sum_{i=1}^{m} t_i}{c \times T} \tag{5-4}$$

式中，t_i 为第 i 辆车的停车时间，min；T 为工作时间，min；c 为服务车辆数，辆。

区域停车场利用率用 μ 表示，计算公式如下：

$$\mu = \frac{\sum_{i=1}^{n} g_{ni}}{N} \tag{5-5}$$

式中，g_{ni}为第 i 个停车场的利用率，N 为区域内停车场的个数。

(三)区域停车场周转率

区域停车场周转率指停车场内，每个停车位在工作时间内的平均停车次数，计算公式如下：

$$f_n = \frac{n}{c} \tag{5-6}$$

式中，f_n 为停车平均周转率，车次/停车位数；n 为工作时间内总停车量单位是车次；c 为停车场的停车位数。

区域停车场周转率用 ρ 表示，计算公式如下：

$$\rho = \frac{\sum_{i=1}^{n} f_{ni}}{N} \tag{5-7}$$

式中，f_{ni}为第 i 个停车场的周转率；N 为区域内停车场的个数。

二 停车场服务水平指标

(一)停车场至目的地的步行距离

停车场至目的地的步行距离反映了停车的便捷程度。

(二)停车场可达性

停车场可达性指停车者通过城市路网到达停车场及停车位的难易程度，它与道路拥堵程度、停车场及动态交通诱导信息条件、停车场的出入口设置和停车者的经验等有关。

(三)停车场收费价格满意度

停车场收费价格满意度反映了停车者对停车价格的满意程度。

(四)区域停车场违停率

违停率指单位时间内违停车辆数与总停车位供给的比率,反映了停车场的管理水平。

三　停车场交通影响指标

(一)区域交通阻碍率

区域交通阻碍率是用来评价区域内路内停车对道路宽度和长度影响的指标,计算公式如下:

$$R=\frac{W_1}{W_0}\cdot\frac{L_0}{L} \tag{5-8}$$

式中,W_1为路内停车占用车道的宽度;W_0为原道路宽度;L_0为路内停车占用车道的长度;$\frac{L_0}{L}$为该道路占区域内道路总长度的比值。

(二)区域交叉路口时间延误

区域交叉路口时间延误是指由临时停车而导致交叉路口车辆额外延误的时间,计算公式如下:

$$\Delta D=\frac{C\lambda q\ (1-\lambda)^2(X-x)}{2(1-\lambda x)(1-\lambda x)}T+\frac{(X-x)(X+x-Xx)T}{2(1-x)(1-X)} \tag{5-9}$$

式中,ΔD 为由临时停车而导致进口车道全部车辆额外延误时间,s;x 为无停放车辆时的进口道饱和度;X 为有停放车辆时的进口道饱和信号周期,s;q 为车辆平均达到率,veh/s;λ 为交叉口进口道的绿信比;C 为信号周期,s。

(三)区域事故率

区域事故率是指 1 个月内,由于路内停车而引发的交通事故率,计算公式如下:

$$W=\frac{O}{P} \tag{5-10}$$

式中，O 为 1 个月内，由于路内停车而引发的交通事故起数；P 为 1 个月内，该区域总的交通事故起数。

（四）出入口总流率

出入口总流率是指在单位小时内驶入、驶离停车场的车辆总数。

四　停车场信息化水平指标

（一）区域停车诱导信息覆盖率

区域停车诱导信息覆盖率是指区域内，实现三级诱导功能的停车场占范围内总停车场的比例，该指标体现了区域内停车诱导信息化水平。

（二）区域停车预约率

区域停车预约率是指实现预约功能的停车场占范围内总停车场的比例，该指标体现了区域停车预约智能化水平。

（三）区域停车共享率

区域停车共享率是指实现共享功能的停车场占范围内总停车场的比率，该指标体现了区域停车共享智能化水平。

（四）区域智能缴费覆盖率

区域智能缴费覆盖率是指实现智能缴费功能的停车场占范围内总停车场的比例，该指标体现了区域停车智能缴费水平。

五　停车场环境影响指标

（一）振动和噪声影响程度

振动和噪声影响程度是指汽车起动产生的振动和发动机的轰鸣声对周围

居住的居民的影响,影响程度越高,居民舒适度越低。

(二)环境污染程度

环境污染程度是指由于汽车频繁起动和怠速停车,较浓的混合燃料没有完全燃烧而形成尾气排放对环境造成污染的程度。

(三)景观影响程度

景观影响程度是指停车库(楼)的建筑形式、停车场的位置、布局和绿化情况对城市景观的影响。

六　停车场停车设施供给情况指标

单位面积停车位数是指不同用地性质的单位占地面积的停车位数量,计算公式如下:

$$单位面积停车位数_{(单个停车场)} = 单个停车场总停车位数/停车场面积(m^2) \tag{5-11}$$

$$单位面积停车位数_{(区域)} = \sum_{1}^{i}单位面积停车位数/区域内停车场总个数 \tag{5-12}$$

式中,i 是指区域内停车场总个数。

第四节　区域停车场模糊综合评价体系

本节结合层次分析法和模糊综合评价建立区域停车场模糊综合评价模型。评价过程主要包括:构建评价因素集与评价集、用层次分析法确定评价因素权重、构建模糊评价矩阵、进行停车场模糊综合评价、确定评价结果。

一　区域停车场评价因素集和评价集的构建

(一)构建评价因素集

评价目标的各影响指标集合共同组成了评价因素集,见下式。

$$W=[w_1,w_2,\cdots,w_n] \tag{5-13}$$

式中，$w_i(i=1,2,\cdots,n)$为评价目标的各影响指标。

根据区域停车场综合评价指标体系，确定两层因素集。

第一层：

$W=$[运行效率w_1，服务水平w_2，交通影响w_3，信息化水平w_4，环境影响w_5，停车设施供给情况w_6]

第二层：

$w_1=$[高峰时段停放指数w_{11}，区域停车场利用率w_{12}，区域停车场周转率w_{13}]

$w_2=$[停车场至目的地步行距离w_{21}，停车场可达性w_{22}，停车场收费价格满意度w_{23}，区域停车场违停率w_{24}]

$w_3=$[区域交通阻碍率w_{31}，区域交叉路口时间延误w_{32}，区域事故率w_{33}，出入口总流率w_{34}]

$w_4=$[区域停车诱导信息覆盖率w_{41}，区域停车预约率w_{42}，区域停车共享率w_{43}，区域智能缴费覆盖率w_{44}]

$w_5=$[振动和噪声影响程度w_{51}，环境污染程度w_{52}，景观影响程度w_{53}]

$w_6=$[单位面积停车位数w_{61}]

（二）确定评价集

评价集是由对评判对象可能做出的评判结果所组成的集合，见下式。

$$S=[s_1,s_2,\cdots,s_m] \tag{5-14}$$

式中，$s_i(i=1,2,\cdots,m)$为对评价指标做出的可能评判结果。

评判结果不是一个单纯的数值，是一个模糊向量。通过该模糊向量得到各评价因素对应评价等级的隶属度信息。综合考虑各类指标重要度，本书对区域停车场运行效率、服务水平、交通影响、信息化水平、环境影响、停车设施供给情况等指标进行单独评价，评价集确定为A、B、C、D、E共5个等级，即：

$$S_1=[\mathrm{A}\ s_{11},\mathrm{B}\ s_{12},\mathrm{C}\ s_{13},\mathrm{D}\ s_{14},\mathrm{E}\ s_{15}]$$

$$S_2=[\mathrm{A}\ s_{21},\mathrm{B}\ s_{22},\mathrm{C}\ s_{23},\mathrm{D}\ s_{24},\mathrm{E}\ s_{25}]$$

$$S_3=[\mathrm{A}\ s_{31},\mathrm{B}\ s_{32},\mathrm{C}\ s_{33},\mathrm{D}\ s_{34},\mathrm{E}\ s_{35}]$$

$$S_4=[\mathrm{A}\ s_{41},\mathrm{B}\ s_{42},\mathrm{C}\ s_{43},\mathrm{D}\ s_{44},\mathrm{E}\ s_{45}]$$

$$S_5=[\mathrm{A}\ s_{51},\mathrm{B}\ s_{52},\mathrm{C}\ s_{53},\mathrm{D}\ s_{54},\mathrm{E}\ s_{55}]$$

$$S_6=[\mathrm{A}\ s_{61},\mathrm{B}\ s_{62},\mathrm{C}\ s_{63},\mathrm{D}\ s_{64},\mathrm{E}\ s_{65}]$$

评价集向量见式(5-15)。

$$S=(9,7,5,3,1)^{T} \tag{5-15}$$

式中,9、7、5、3、1 为分数。

二　区域停车场评价因素的权重分配

(一)构建评价因素的权重集

构建区域停车场评价指标体系过程中,因为各评价指标对评价结果的影响程度不同,因此,应该给每个指标赋予不同的权重,权重越高,代表该指标对评价结果影响程度越大。

令因素集 $W=[w_1,w_2,\cdots,w_n]$对应的权重集向量为 $B=[b_1,b_2,\cdots,b_n]$,其中b_i表示该层次中第 i 个因素w_i的权重值,并且权重值需满足归一性和非负性的原则,见下式。

$$\sum_{i=1}^{n} b_i=1,b_i>0 \tag{5-16}$$

式中,b_i为权重值,$i=1,2,\cdots,n$。

区域停车场评价指标体系包括两层评价指标,分别是准则层和方案层,每层权重集确定方法如下。

准则层:

$B=[$运行效率权重b_1,服务水平权重b_2,交通影响权重b_3,信息化水平权重b_4,环境影响权重b_5,停车设施供给情况权重$b_6]$

方案层:

$B_1=[$高峰时段停放指数权重b_{11},区域停车场利用率权重b_{12},区域停车场周转率权重$b_{13}]$

$B_2=[$停车场至目的地步行距离权重b_{21},停车场可达性权重b_{22},停车场收费价格满意度权重b_{23},区域停车场违停率权重$b_{24}]$

$B_3=[$区域交通阻碍率权重b_{31},区域交叉路口时间延误权重b_{32},区域事故率权重b_{33},出入口总流率权重$b_{34}]$

$B_4=[$区域停车诱导信息覆盖率权重b_{41},区域停车预约率权重b_{42},区域停车共享率权重b_{43},区域智能缴费覆盖率权重$b_{44}]$

B_5 = [振动和噪声影响程度权重b_{51},环境污染程度权重b_{52},景观影响程度权重b_{52}]

B_6 = [单位面积停车位数权重b_{61}]

(二)构造两两比较判断矩阵

利用层次分析法,将同一层次的因素对上一层次对应因素的重要度进行两两比较,根据不同的重要度赋予不同的数值,构建两两比较判断矩阵。在比较过程中,同一性质不同影响程度的评价因素比较起来往往较为困难,需要根据具体评价的目标、具体情况分别分析,减少主观因素对评价结果造成的影响。判断矩阵见下式。

$$D = d_{mx} = \begin{bmatrix} d_{11} & d_{12} & \cdots & d_{1n} \\ d_{21} & d_{22} & \cdots & d_{2n} \\ \cdots & \cdots & \ddots & \vdots \\ d_{n1} & d_{n2} & \cdots & d_{nn} \end{bmatrix} \tag{5-17}$$

式中,d_{mx}表示第 m 个因素相对于第 x 个因素的比较结果,重要度标度值见表 5-3。

重要度标度 表 5-3

标　度	含　义
1	第 m 个因素与第 x 个因素的影响相同
3	标度越大,说明第 m 个因素比第 x 个因素的影响大得越多,标度 9 表示第 m 个因素的影响绝对大于第 x 个因素
5	
7	
9	
2,4,6,8	第 m 个因素相对于第 x 个因素的影响介于两个相邻等级之间
$\frac{1}{2},\cdots,\frac{1}{9}$	第 m 个因素相对于第 x 个因素的影响是d_{mx}的倒数

(三)指标权重计算与一致性检验

指标权重的计算,实际上是计算判断矩阵的最大特征值λ_{max}和特征值对应的特征向量 Q。本书采用方根法计算判断矩阵的最大特征值λ_{max}和特征向量 Q,计算公式如下。

归一化判断矩阵 D 见下式。

$$\overline{Q}_{mx}=\frac{d_{mx}}{\sum_{m=1}^{n}d_{mx}} \tag{5-18}$$

对归一化特征向量$\overline{Q}_{mx}$按行求积并开 n 次方,计算公式如下:

$$\overline{Q}_{m}=(\prod_{s=1}^{n}\overline{Q}_{mx})^{\frac{1}{n}} \tag{5-19}$$

归一化$\overline{Q}_{m}(m=1,2,\cdots,n)$,方法见下式。

$$Q_{m}=\overline{Q}_{m}/\sum_{m=1}^{n}\overline{Q}_{m} \tag{5-20}$$

最后可以得到,判断矩阵 $\boldsymbol{D}$ 的归一化特征向量为:

$$Q=(Q_{1},Q_{2},\cdots,Q_{n})^{T} \tag{5-21}$$

计算判断矩阵 D 的最大特征值,计算公式如下:

$$\lambda_{\max}=\frac{1}{n}\sum_{m=1}^{n}\frac{(AQ)_{m}}{Q_{m}} \tag{5-22}$$

式中,$(AQ)_{m}$为特征值矩阵。

接下来需要对判断矩阵 $\boldsymbol{D}$ 进行一致性检验,计算一致性指标 CI,计算公式如下:

$$\mathrm{CI}=\frac{\lambda_{\max}-n}{n-1}(n\text{ 为矩阵参数}) \tag{5-23}$$

随机一致性指标 RI 的数值见表 5-4。

随机一致性指标值　　表 5-4

n	RI	*n*	RI
1	0	6	1.24
2	0	7	1.32
3	0.58	8	1.41
4	0.90	9	1.45
5	1.12		

计算判断矩阵的随机一致性比例 CR,见下式。

$$\mathrm{CR}=\frac{\mathrm{CI}}{\mathrm{RI}} \tag{5-24}$$

判断条件为:如果 CR <0.1,认为判断矩阵具有满意的一致性;如果 CR≥0.1,则要重新构造判断矩阵,直到判断矩阵通过一致性检验。

在区域停车场模糊评价模型中,包括 7 个判断矩阵,其中,第一层 1 个,第二层 6 个。第一层 6 个因素,即运行效率、服务水平、交通影响、信息化水平、环境影响、停车设施供给情况两两比较的判断矩阵 D 代表这 6 个因素对区域停车场综合服务能力的比较结果。第二层中,高峰时段停放指数、区域停车场利用率、区域停车场周转率两两比较的判断矩阵D_1代表这 3 个因素对停车场运行效率的重要度的比较结果;停车场至目的地步行距离、停车场可达性、停车场收费价格满意度、区域停车场违停率两两比较的判断矩阵D_2代表这 4 个因素对停车场服务水平的重要度的比较结果;区域交通阻碍率、区域交叉路口时间延误、区域事故率、出入口总流率两两比较的判断矩阵D_3代表这 4 个因素对停车场交通影响的重要度的比较结果;区域停车诱导信息覆盖率、区域停车预约率、区域停车共享率、区域智能缴费覆盖率两两比较的判断矩阵D_4代表这 4 个因素对停车场信息化水平的重要度的比较结果;振动和噪声影响程度、环境污染程度、景观影响程度两两比较的判断矩阵D_5代表这 3 个因素对停车场环境影响的重要度的比较结果;单位面积停车位数代表此因素对停车场停车设施供给情况的重要度的比较结果。求解以上判断矩阵的特征值和特征向量并进行一致性检验,得到评价因素的权重集。

三 区域停车场模糊评价矩阵的构建

模糊评价矩阵由因素集和评价集组成,因素集中的各因素对评价集中各评价等级的关系构成了模糊评价矩阵。矩阵取值的大小决定了各因素对评价等级不同的隶属度。假设各因素对评价等级的隶属度为e_{ij},则模糊矩阵 E 见式(5-25)。

$$E=\begin{bmatrix} E_1 \\ E_2 \\ \cdots \\ E_n \end{bmatrix}=\begin{bmatrix} e_{11} & e_{12} & \cdots & e_{1n} \\ e_{21} & e_{22} & \cdots & e_{2n} \\ \cdots & \cdots & \ddots & \vdots \\ e_{n1} & e_{n2} & \cdots & e_{nn} \end{bmatrix} \tag{5-25}$$

式中,e_{ij}($0<e_{ij}<1$)表示因素集 W 中元素w_i对应评价集 S 中等级s_i的隶属度,E_i表示第 i 个评价因素对应的评价等级的隶属度向量。

对于定量指标，例如区域停车场评价指标体系中的高峰时段停放指数、区域停车场利用率、区域停车场周转率、区域停车场违停率、区域交通阻碍率、区域交叉路口时间延误、区域事故率、出入口总流率、区域停车诱导信息覆盖率、区域停车共享率、区域智能缴费覆盖率、单位面积停车位数，可以采用算术平均法计算区域性指标，即通过数据调取或实地调研获得单个停车场的指标，求其算数平均值作为区域停车场指标，根据区域停车场指标评价标准确定其评价结果，各定量指标的评价标准见表5-5。

定量指标的评价标准　　表5-5

指标			等级				
			A	B	C	D	E
			9	7	5	3	1
运行效率	高峰时段停放指数	路内、路外公共/配建停车场	≤0.9	(0.9,1.1]	(1.1,1.3]	(1.3,1.5]	>1.5
		居住区停车场	≤1	(1,1.2]	(1.2,1.4]	(1.4,1.6]	>1.6
	区域停车场利用率		(0.9,1.0]	(0.7,0.9]	(0.5,0.7]	(0.4,0.5]	≤0.4
	区域停车场周转率		>6.0	(5.0,6.0]	(4.0,5.0]	(3.0,4.0]	≤3.0
服务水平	区域停车场违停率		≤10%	(10%,20%]	(20%,30%]	>30%	—
交通影响	区域交通阻碍率		≤10%	(10%,20%]	(20%,35%]	(35%,50%]	>50%
	区域交叉路口时间延误(s)		≤5	(5,15]	(15,25]	(25,40]	>40
	区域事故率		≤10%	(10%,15%]	(15%,20%]	(20%,25%]	>25%
	出入口总流率(辆/h)		≤200	(200,400]	(400,600]	(600,800]	>800
信息化水平	区域停车诱导信息覆盖率		>90%	(70%,90%]	(50%,70%]	(30%,50%]	≤30%
	区域停车预约率		>90%	(70%,90%]	(50%,70%]	(30%,50%]	≤30%
	区域停车共享率		>90%	(70%,90%]	(50%,70%]	(30%,50%]	≤30%
	区域智能缴费覆盖率		>90%	(70%,90%]	(50%,70%]	(30%,50%]	≤30%
停车设施供给情况	单位面积停车位数(停车位/100m^2)		≤0.5	(0.5,1]	(1,2]	(2,3]	>3

对于定性指标，例如区域停车场评价指标体系中的停车场至目的地步行距离、停车场可达性、停车场收费价格满意度、振动和噪声影响程度、环境污染程度、景观影响程度，可以采用模糊统计的方法来确定隶属度函数。首先通过问

卷调查,获得某指标因素属于某评价等级的次数(调查问卷份数)占调查总次数的比例,以此作为隶属度取值,进而得到评价矩阵的取值。各定性指标的评价标准见表 5-6。

定性指标的评价标准　　表 5-6

指标		等级				
		A	B	C	D	E
		9	7	5	3	1
服务水平	停车场至目的地步行距离(m)	≤100	(200,300]	(300,400]	(400,500]	>500
	停车场可达性	很容易	容易	一般	难	很难
	停车场收费价格满意度	很满意	满意	一般	不满意	很不满意
环境影响	振动和噪声影响程度	轻度	较轻	一般	严重	很严重
	环境污染程度	轻度	较轻	一般	严重	很严重
	景观影响程度	轻度	较轻	一般	严重	很严重

四　区域停车场模糊综合评价

区域停车场模糊综合评价具体是:首先在评价指标的方案层进行一级综合评价,然后在此评价结果的基础上,对评价指标的准则层进行二级综合评价。

(一)运算规则的制定

模糊综合评价的基本公式为:$F = B \cdot E$,见式(5-26)。

$$F = (f_1, f_2, \cdots, f_m) = (b_1, b_2, \cdots, b_n) \cdot \begin{bmatrix} e_{11} & e_{12} & \cdots & e_{1m} \\ e_{21} & e_{22} & \cdots & e_{2m} \\ \cdots & \cdots & \ddots & \vdots \\ e_{n1} & e_{n2} & \cdots & e_{nm} \end{bmatrix} \tag{5-26}$$

式中,F 是模糊综合评价集,由权重集 B 和模糊评价矩阵 E 的乘积得到。

(二)方案层(一级)模糊综合评价

首先对方案层的指标因素进行一级模糊综合评价,见式(5-27)~式(5-32)。

$$F_1 = B_1 \cdot E_1 = (b_{11}, b_{12}, b_{13}, b_{14}, b_{15}) \tag{5-27}$$

$$F_2 = B_2 \cdot E_2 = (b_{21}, b_{22}, b_{23}, b_{24}, b_{25}) \tag{5-28}$$

$$F_3 = B_3 \cdot E_3 = (b_{31}, b_{32}, b_{33}, b_{34}, b_{35}) \tag{5-29}$$

$$F_4 = B_4 \cdot E_4 = (b_{41}, b_{42}, b_{43}, b_{44}, b_{45}) \tag{5-30}$$

$$F_5 = B_5 \cdot E_5 = (b_{51}, b_{52}, b_{53}, b_{54}, b_{55}) \tag{5-31}$$

$$F_6 = B_6 \cdot E_6 = (b_{61}, b_{62}, b_{63}, b_{64}, b_{65}) \tag{5-32}$$

式中，F_1是停车场运行效率模糊综合评价结果；F_2是停车场服务水平的模糊综合评价结果；F_3是停车场交通影响的模糊综合评价结果；F_4是停车场信息化水平的模糊综合评价结果；F_5是停车场环境影响的模糊综合评价结果；F_6是停车场停车设施供给情况的模糊综合评价结果。

根据确定的评价因素集 W_i的权重向量 B_i和模糊评价矩阵 E_i，归一化处理得到评价向量。

（三）准则层（二级）模糊综合评价

然后对准则层的指标因素进行二级模糊综合评价。一级评价矩阵的结果集组成了二级模糊评价矩阵，见式（5-33）。

$$E = \begin{bmatrix} F_1 \\ F_2 \\ F_3 \\ F_4 \\ F_5 \\ F_6 \end{bmatrix} = \begin{bmatrix} f_{11} & f_{12} & \cdots & f_{15} \\ f_{21} & f_{22} & \cdots & f_{25} \\ f_{31} & f_{32} & \cdots & f_{35} \\ f_{41} & f_{42} & \cdots & f_{45} \\ f_{51} & f_{52} & \cdots & f_{55} \\ f_{61} & f_{62} & \cdots & f_{65} \end{bmatrix} \tag{5-33}$$

根据确定的评价因素集 W 的权重向量 B 和模糊评价矩阵 E，归一化处理得到评价向量，见式（5-34）。

$$F = (f_1, f_2, f_3, f_4, f_5) = B \cdot E = (b_1, b_2 \cdots b_5) \begin{bmatrix} f_{11} & f_{12} & \cdots & f_{15} \\ f_{21} & f_{22} & \cdots & f_{25} \\ f_{31} & f_{32} & \cdots & f_{35} \\ f_{41} & f_{42} & \cdots & f_{45} \\ f_{51} & f_{52} & \cdots & f_{55} \\ f_{61} & f_{62} & \cdots & f_{65} \end{bmatrix} \tag{5-34}$$

式中，B 为区域停车场模糊综合评价结果。

当评价对象是区域停车场时，各评价因素的取值应该为区域内所有停车场评价因素取值的加权平均值，我们把各停车场的停车位总数作为权重值。

第六章

CHAPTER 6

实证分析

第一节　区域停车场划分

K-Means 算法将属性相同的样本划分为同一类,通过计算各个数据的聚类相似度来进行分类。本书根据停车场服务半径,利用 K-Means 算法对停车场进行区域划分。首先选取一个停车场作为区域中心,以 500m 服务半径作圆,圆内所有停车场划分为一个区域停车场。根据 K-Means 算法,将研究范围划分为两个区域,每个区域包括不同类型停车场,共计 8 个,如图 6-1 所示。

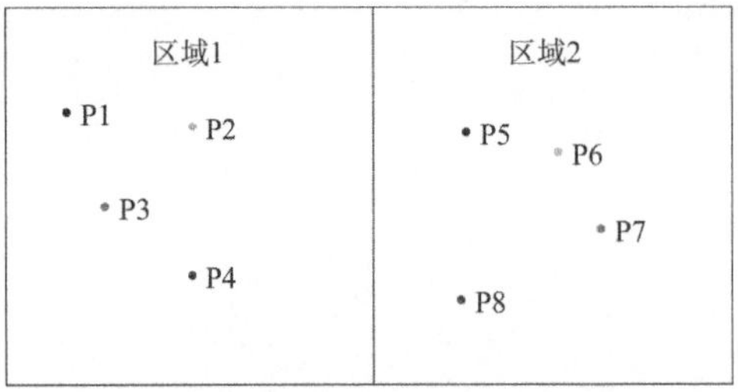

区域1	区域2
• P1　• P2	• P5　• P6
• P3	• P7
• P4	• P8

图 6-1　区域停车场示意图

通过实地调研与问卷调查相结合的方式获取各指标数据。各停车场基本信息见表 6-1。

区域停车场调研数据统计　　表 6-1

区域	停车场(库)	个　数	停车位数	收费标准
1	公共停车场	1	183	15 元/天,300 元/月
	配建停车场	1	444	—
	路内停车场	1	241	小型车:2 元/30min; 中型车:3 元/30min; 大型车:5 元/30min
	居住区停车场	1	316	500 ~ 600 元/月
2	公共停车场	1	390	—
	配建停车场	1	120	—
	路内停车场	1	164	小型车:2 元/30min; 中型车:3 元/30min; 大型车:5 元/30min
	居住区停车场	1	330	免费 2h,30 元/月

第二节　停车场评价调查

将调查范围内的停车场作为考察对象，统计每个停车场一天中，从7:00—19:00的车辆运行数据、停车设施属性，计算停车场的高峰时段停放指数、利用率、周转率、违停率、单位面积停车位数。

本书问卷调查的对象为驾驶人，通过问卷调查得到调查区域内驾驶人对停车场服务水平的直观感受和附近居民对停车场环境影响程度的感受。统计得到停车场至目的地步行距离、停车场可达性、停车场收费价格满意度、振动和噪声影响程度、环境污染程度、景观影响程度6个指标对各评价等级的隶属频率。问卷发放60份，回收有效问卷50份。根据问卷的统计结果，计算区域1和2的6项指标对应各等级的隶属频数。

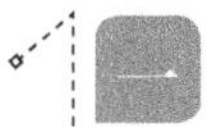

一　运行效率指标

停车场运行效率调查采用实地实时检测的方法。将上面列出的8个停车场作为考察对象，首先记录下初始记录时刻停车场内停放车辆的标识（如车牌号），然后对每个停车场一天中从7:00到19:00所有出入车辆的数据[包括车辆标识（如车牌号）、驶入时间、驶出时间]进行记录，统计得到每小时内停放的车辆数、每辆车的停放时间以及每小时内新驶入停车场车辆的数量，以计算得到停车场的高峰时段停放指数、停车场利用率和周转率。区域1、区域2运行效率指标统计见表6-2、表6-3。

区域1运行效率指标统计　　表6-2

停车场（库）	高峰时段停放指数	停车场利用率	停车场周转率
公共停车场	1.18	70%	361%
配建停车场	1.02	71%	401%
路内停车场	1.32	93%	380%
居住区停车场	1.34	55%	353%
区域1	1.34	72%	374%

区域 2 运行效率指标统计　　表 6-3

停车场(库)	高峰时段停放指数	停车场利用率	停车场周转率
公共停车场	1.06	94%	327%
配建停车场	1.24	83%	453%
路内停车场	1.10	88%	547%
居住区停车场	1.01	24%	326%
区域 2	1.01	72%	413%

二　服务水平指标

停车场服务水平包括定性指标和定量指标,因此调查采用问卷调查和实地调研相结合的方式。本次问卷随机选择停车驾驶人进行发放和填写,旨在从使用者角度出发,了解该地区内驾驶人对停车场服务水平的感受。通过问卷结果统计得到停车场至目的地步行距离、停车场可达性、停车场收费价格满意度 3 个指标对各评价等级的隶属频率。根据 50 份问卷统计结果,区域 1、2 的 3 个服务水平指标对应各等级的隶属频数见表 6-4、表 6-5。通过实地调研得到各区域停车位违停率见表 6-6、表 6-7。

区域 1 服务水平定性评价指标对各等级的隶属频数　　表 6-4

评价等级	停车场至目的地步行距离					停车场可达性					停车场收费价格满意度				
	A	B	C	D	E	A	B	C	D	E	A	B	C	D	E
公共停车场	23	19	8	0	0	17	18	9	6	0	4	7	13	18	8
配建停车场	15	22	13	0	0	15	20	5	10	0	10	20	15	12	3
路内停车场	22	18	10	0	0	15	15	10	10	0	15	15	5	5	10
居住区停车场	18	13	19	0	0	20	20	10	0	0	12	18	18	2	0

区域 2 服务水平定性评价指标对各等级的隶属频数　　表 6-5

评价等级	停车场至目的地步行距离					停车场可达性					停车场收费价格满意度				
	A	B	C	D	E	A	B	C	D	E	A	B	C	D	E
公共停车场	20	20	10	0	0	16	18	10	6	0	10	7	13	15	5
配建停车场	15	20	15	0	0	20	20	5	5	0	10	20	16	4	0
路内停车场	24	16	10	0	0	17	18	10	5	0	17	13	7	10	3
居住区停车场	17	14	18	1	0	15	25	10	0	0	10	20	16	4	0

区域 1 停车场违停率

表 6-6

停车场(库)	停车场违停率
公共停车场	11%
配建停车场	0
路内停车场	9%
居住区停车场	1%
区域 1	5%

区域 2 停车场违停率

表 6-7

停车场(库)	停车场违停率
公共停车场	2%
配建停车场	7%
路内停车场	13%
居住区停车场	9%
区域 2	8%

三　交通影响指标

通过实地调研获取路内停车占用车道的宽度、交叉路口时间延误、事故发生数、出入口流量等数据，分析得出各区域交通阻碍率、交叉路口时间延误、事故率、出入口总流率。区域 1、区域 2 交通影响指标统计见表 6-8、表 6-9。

区域 1 交通影响指标统计　　表 6-8

停车场(库)	区域交通阻碍率	区域交叉路口时间延误	区域事故率	出入口总流率
公共停车场	—	—	—	52
配建停车场	—	—	—	125
路内停车场	8%	5	12%	—
居住区停车场	—	—	—	205
区域 1	8%	5	12%	127

区域 2 交通影响指标统计　　表 6-9

停车场(库)	区域交通阻碍率	区域交叉路口时间延误	区域事故率	出入口总流率
公共停车场	—	—	—	75
配建停车场	—	—	—	105
路内停车场	12%	3	10%	—
居住区停车场	—	—	—	236
区域 2	12%	3	10%	139

四 信息化水平指标

通过实地调研获取区域内实现三级诱导、预约、共享和智能缴费功能的停车场个数，得出各区域停车诱导信息覆盖率、停车预约率、停车共享率、智能缴费覆盖率4个指标。区域1、区域2信息化水平见表6-10、表6-11。

区域1信息化水平　　表6-10

停车场(库)	区域停车诱导信息覆盖率	区域停车预约率	区域停车共享率	区域智能缴费覆盖率
公共停车场	92%	68%	43%	90%
配建停车场	90%	75%	30%	95%
路内停车场	86%	81%	65%	93%
居住区停车场	79%	50%	68%	90%
区域1	87%	69%	52%	92%

区域2信息化水平　　表6-11

停车场(库)	区域停车诱导信息覆盖率	区域停车预约率	区域停车共享率	区域智能缴费覆盖率
公共停车场	93%	68%	52%	92%
配建停车场	89%	75%	49%	94%
路内停车场	90%	81%	63%	90%
居住区停车场	86%	50%	70%	90%
区域2	90%	69%	59%	92%

五 环境影响指标

通过问卷调查的方式，获取停车场附近居民对停车场环境影响程度的感受。通过问卷结果统计得到振动和噪声影响程度、环境污染程度、景观影响程度3个指标对各评价等级的隶属频率。根据50份问卷统计结果，区域1、2的3

个交通影响指标对应各等级的隶属频数见表 6-12 。

区域交通影响指标统计　　　　表 6-12

区域	停车场（库）	振动和噪声影响程度					环境污染程度					景观影响程度				
		A	B	C	D	E	A	B	C	D	E	A	B	C	D	E
1	区域 1 居住区停车场	26	10	14	0	0	15	25	10	0	0	35	15	0	0	0
2	区域 2 居住区停车场	30	12	8	0	0	20	20	10	0	0	25	12	13	0	0

六　停车设施供给指标

通过实地调研或数据调取得到各停车场单位面积停车位数，见表 6-13、表 6-14。

区域 1 停车设施供给情况统计　　表 6-13

停车场（库）	单位面积停车位数
公共停车场	0.45
配建停车场	0.42
路内停车场	0.13
居住区停车场	0.51
区域 1	0.38

区域 2 停车设施供给情况统计　　表 6-14

停车场（库）	单位面积停车位数
公共停车场	0.32
配建停车场	0.50
路内停车场	0.12
居住区停车场	0.45
区域 2	0.35

第三节　区域停车场多级模糊综合评价

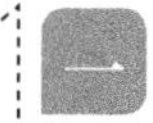

一　确定评价因素的权重分配

利用层次分析法（专家打分法）判定各评价指标的权重，见表 6-15。

指标权重表 表6-15

指标		权重
运行效率0.03832	高峰时段停放指数	0.0766
	区域停车场利用率	0.1533
	区域停车场周转率	0.1533
服务水平0.3320	停车场至目的地步行距离	0.1518
	停车场可达性	0.0457
	停车场收费价格满意度	0.0995
	区域停车场违停率	0.0349
交通影响0.1468	区域交通阻碍率	0.0717
	区域交叉路口时间延误(s)	0.0147
	区域事故率	0.0368
	出入口总流率	0.0236
信息化水平0.0743	区域停车诱导信息覆盖率	0.0403
	区域停车预约率	0.0071
	区域停车共享率	0.0097
	区域智能缴费覆盖率	0.0172
环境影响0.0356	振动和噪声影响程度	0.0101
	环境污染程度	0.0220
	景观影响程度	0.0034
停车设施供给情况0.0281	单位面积停车位数	0.0281

二 模糊综合评价

对于定性指标，采用模糊统计的方法来确定其隶属度函数。通过调查问卷，确定某指标对某评价等级的隶属频率（即某指标属于某等级的次数占调查总次数的比例）作为隶属度取值。首先确定单个停车场的得分，最后按照停车场的停车位数加权得出区域停车场得分。

对于定量指标，采用算术平均法获得定量指标评价结果。通过数据调取或实地调研获得单个停车场的指标，求其算数平均值作为区域停车场指标，根据区域停车场指标评价标准确定其评价结果。

根据指标评价标准确定各个指标数值对应的分值，乘以相应权重，计算出各个指标得分。

（一）运行效率评价计算

运行效率评价情况见表 6-16。

运行效率评价　　表 6-16

指　　标	区　域　1				区　域　2			
	数值	分值	权重	得分	数值	分值	权重	得分
高峰时段停放指数	1.34	5	0.0766	0.38	1.01	7	0.0766	0.54
区域停车场利用率	72%	7	0.1533	1.07	72%	1	0.1533	0.15
区域停车场周转率	374%	3	0.1533	0.46	413%	5	0.1533	0.77
总分				1.92				1.15

（二）服务水平评价计算

1. 定性指标

通过模糊统计的方法对定性指标进行评价：包括停车场至目的地步行距离、停车场可达性、停车场收费满意度 3 个指标。

由问卷调查得到 3 个指标分别对应 5 个评价等级的隶属频率，分别构建区域 1 中 4 个停车场的模糊矩阵 $E_1 \sim E_4$：

$$E_1 = \begin{bmatrix} 0.46 & 0.38 & 0.16 & 0.00 & 0.00 \\ 0.34 & 0.36 & 0.18 & 0.12 & 0.00 \\ 0.08 & 0.14 & 0.26 & 0.36 & 0.16 \end{bmatrix}$$

$$E_2 = \begin{bmatrix} 0.30 & 0.44 & 0.26 & 0.00 & 0.00 \\ 0.30 & 0.40 & 0.10 & 0.20 & 0.00 \\ 0.20 & 0.40 & 0.30 & 0.24 & 0.00 \end{bmatrix}$$

$$E_3 = \begin{bmatrix} 0.44 & 0.36 & 0.20 & 0.00 & 0.00 \\ 0.30 & 0.30 & 0.20 & 0.20 & 0.00 \\ 0.30 & 0.30 & 0.10 & 0.10 & 0.10 \end{bmatrix}$$

$$E_4 = \begin{bmatrix} 0.36 & 0.26 & 0.38 & 0.00 & 0.00 \\ 0.40 & 0.40 & 0.20 & 0.20 & 0.00 \\ 0.24 & 0.24 & 0.36 & 0.04 & 0.00 \end{bmatrix}$$

停车场至目的地步行距离、停车场可达性、停车场收费满意度3个指标的权重向量：$B=\{0.1518,0.0457,0.0995\}$，评价集：$S=(9,7,5,3,1)^T$。

得出区域1中四个停车场三个指标的评价结果分别为：

$$A_1=E_1\cdot B\cdot S=1.89;$$
$$A_2=E_2\cdot B\cdot S=2.06;$$
$$A_3=E_3\cdot B\cdot S=2.01;$$
$$A_4=E_4\cdot B\cdot S=2.05;$$

同理，得出区域2中四个停车场定性指标评价结果分别为：

$$A_1=E_1\cdot B\cdot S=2.01;$$
$$A_2=E_2\cdot B\cdot S=2.03;$$
$$A_3=E_3\cdot B\cdot S=2.05;$$
$$A_4=E_4\cdot B\cdot S=2.06;$$

按照停车位数进行加权，计算区域1、2三个定性指标的评价结果D_1、D_2：

$$D_1=A_1\cdot\frac{183}{183+444+241+316}+A_2\cdot\frac{444}{183+444+241+316}+A_3\cdot\frac{241}{183+444+241+316}+A_4\cdot\frac{316}{183+444+241+316}=1.24$$

$$D_2=A_1\cdot\frac{183}{183+444+241+316}+A_2\cdot\frac{444}{183+444+241+316}+A_3\cdot\frac{241}{183+444+241+316}+A_4\cdot\frac{316}{183+444+241+316}=2.04$$

2. 定量指标

通过均值的方法对区域停车场违停率进行评价，见表6-17。

区域停车场违停率评价 表6-17

指　标	区　域　1				区　域　2			
	数值	分值	权重	得分	数值	分值	权重	得分
违停率	5%	9	0.0349	0.31	8%	9	0.0349	0.31
总分				0.31				0.31

最终计算出区域1、2的服务水平评价结果F_{21}、F_{22}：

$$F_{21}=D_1+0.31=1.55$$
$$F_{22}=D_2+0.31=2.35$$

(三)交通影响评价计算

对区域停车场交通影响进行评价,见表 6-18。

区域停车场交通影响评价　　表 6-18

指　标	区　域　1				区　域　2			
	数值	分值	权重	得分	数值	分值	权重	得分
区域交通阻碍率	8%	9	0.0717	0.65	12%	7	0.0717	0.50
区域交叉路口时间延误	5	9	0.0147	0.13	3	9	0.0147	0.13
区域事故率	12%	7	0.0368	0.26	10%	9	0.0368	0.33
出入口总流率	127	9	0.0236	0.21	139	9	0.0236	0.21
总分				1.25				1.18

(四)信息化水平评价计算

对区域停车场信息化水平进行评价,见表 6-19。

区域停车场信息化水平评价　　表 6-19

指　标	区　域　1				区　域　2			
	数值	分值	权重	得分	数值	分值	权重	得分
区域停车诱导信息覆盖率	97%	9	0.0403	0.36	90%	7	0.0403	0.28
区域停车预约率	69%	5	0.0071	0.04	69%	5	0.0071	0.04
区域停车共享率	52%	5	0.0097	0.05	59%	5	0.0097	0.05
区域智能缴费覆盖率	92%	9	0.0172	0.15	92%	9	0.0172	0.15
总分				0.60				0.52

(五)环境影响评价计算

由问卷调查得到居住区停车场 3 个指标分别对应 5 个评价等级的隶属频率,分别构建区域 1、2 中居住区停车场的模糊矩阵E_1、E_2:

$$E_1=\begin{bmatrix}0.52 & 0.20 & 0.28 & 0.00 & 0.00\\ 0.30 & 0.50 & 0.20 & 0.00 & 0.00\\ 0.70 & 0.30 & 0.00 & 0.00 & 0.00\end{bmatrix}$$

$$E_2 = \begin{bmatrix} 0.60 & 0.24 & 0.16 & 0.00 & 0.00 \\ 0.40 & 0.40 & 0.20 & 0.00 & 0.00 \\ 0.50 & 0.24 & 0.26 & 0.00 & 0.00 \end{bmatrix}$$

振动和噪声影响程度、环境污染程度、景观影响程度 3 个指标的权重向量为：$B = \{0.0101, 0.0220, 0.0034\}$。

最终计算得出区域 1、2 环境影响评价结果 F_{51}、F_{52}：

$$F_{51} = E_1 \cdot B \cdot S = 0.26$$

$$F_{51} = E_2 \cdot B \cdot S = 0.27$$

（六）停车设施供给情况评价计算

对区域停车场停车设施供给情况进行评价，见表 6-20。

区域停车场停车设施供给情况评价 表 6-20

指　标	区　域　1				区　域　2			
	数值	分值	权重	得分	数值	分值	权重	得分
单位面积停车位数	0.38	9	0.0281	0.25	0.35	9	0.0281	0.25
总分				0.25				0.25

 评价结果分析

通过上述分析，获得区域 1 和 2 停车场评价结果，见表 6-21、表 6-22。

区域 1 综合服务能力评价 表 6-21

指　标		权重	分数	单项得分	总分
运行效率	高峰时段停放指数	0.0766	5	0.38	1.92
	区域停车场利用率	0.1533	7	1.07	
	区域停车场周转率	0.1533	3	0.46	
服务水平	停车场至目的地步行距离	0.1518	—	1.24	1.55
	停车场可达性	0.0457			
	停车场收费价格满意度	0.0995			
	区域停车场违停率	0.0349	9	0.31	

续上表

指标		权重	分数	单项得分	总分
交通影响	区域交通阻碍率	0.0717	9	0.0717	1.25
	区域交叉路口时间延误(s)	0.0147	9	0.0147	
	区域事故率	0.0368	7	0.0368	
	出入口总流率	0.0236	9	0.0236	
信息化水平	区域停车诱导信息覆盖率	0.0403	9	9	0.60
	区域停车预约率	0.0071	5	5	
	区域停车共享率	0.0097	5	5	
	区域智能缴费覆盖率	0.0172	9	9	
环境影响	振动和噪声影响程度	0.0101	—	0.26	0.26
	环境污染程度	0.0220			
	景观影响程度	0.0034			
停车设施供给情况	单位面积停车位数	0.0281	9	0.25	0.25
总分					5.83

区域2综合服务能力评价 表6-22

指标		权重	分数	单项得分	总分
运行效率	高峰时段停放指数	0.0766	7	0.54	1.15
	区域停车场利用率	0.1533	1	0.15	
	区域停车场周转率	0.1533	5	0.77	
服务水平	停车场至目的地步行距离	0.1518	—	2.04	2.35
	停车场可达性	0.0457			
	停车场收费价格满意度	0.0995			
	区域停车场违停率	0.0349	9	0.31	
交通影响	区域交通阻碍率	0.0717	7	0.50	1.18
	区域交叉路口时间延误(s)	0.0147	9	0.13	
	区域事故率	0.0368	9	0.33	
	出入口总流率	0.0236	9	0.23	

续上表

指　标		权重	分数	单项得分	总分
信息化水平	区域停车诱导信息覆盖率	0.0403	7	0.28	0.52
	区域停车预约率	0.0071	5	0.04	
	区域停车共享率	0.0097	5	0.05	
	区域智能缴费覆盖率	0.0172	9	0.15	
环境影响	振动和噪声影响程度	0.0101	—	0.27	0.27
	环境污染程度	0.0220			
	景观影响程度	0.0034			
停车设施供给情况	单位面积停车位数	0.0281	9	0.25	0.25
总分					5.72

区域停车场总得分为9分，将各区域指标得分分为5个等级，分别为A、B、C、D、E，对应的得分分别为9分、7分、5分、3分、1分。

结果显示，从总体分析，区域1得分为5.83，区域2得分为5.71，因此区域1和2均属于B—C等级。针对以上评价结果，从一级指标分析，区域1内停车设施供给情况得分率最高，为100%，其次为交通影响得分率为94%，运行效率、服务水平得分率较低，分别为49%、46%；区域2内停车设施供给情况得分为满分，其次为交通影响，得分率为94%，运行效率得分率最低，仅为48%。从二级指标分析，具体如下：

(1)运行效率方面。

区域1停车场周转率得分率最低，为33%；区域2停车场利用率得分率最低，仅为11%。因此，区域1应完善停车场收费政策，设置长时、短时停车费率，充分发挥价格杠杆调节作用，规范化停车场管理，提升停车场周转率；区域2应完善相关引导措施，整合区域的停车资源，优化停车预约、诱导系统，实现停车位信息共享，提升停车场利用率。

(2)服务水平方面。

调查得到区域1停车场收费价格满意度得分最低，区域2停车场收费价格满意度得分最低。因此，区域1、2应制定合理的收费政策，提升用户收费满意度。

参考文献

[1] 李晔,王密,舒寒玉. 出行即服务(MaaS)系统研究综述[J]. 综合运输,2018,40(09):56-65.

[2] 张天怡. 基于 MaaS 理念的出行服务体系发展概述及展望[A]. 中国城市规划学会城市交通规划学术委员会. 创新驱动与智慧发展——2018 年中国城市交通规划年会论文集[C]. 中国城市规划学会城市交通规划学术委员会:中国城市规划设计研究院城市交通专业研究院,2018:10.

[3] 黄艺. 基于用户需求的智慧停车 App 界面研究与设计[D]. 上海:华东理工大学,2019.

[4] 戴孛丰. 城市智能停车管理系统的设计与实现[D]. 杭州:杭州电子科技大学,2017.

[5] 王强. 智能停车管理系统的设计与实现[D]. 北京:北京交通大学,2016.

[6] 黄贤焱. 城市道路智慧停车云平台解决方案的设计与实现[J]. 信息与电脑(理论版),2020,32(04):180-182.

[7] 刘玲,王同德,崔银秋. 城市智慧停车云平台设计与实践[J]. 中国公路,2020(01):100-101.

[8] 高静. 停车场建设对城市动态交通的影响分析[J]. 内蒙古科技与经济,2004(4)(S2):33-34 +32.

[9] 何红梅. 多业主共用地下空间智慧停车管理系统设计研究[D]. 广州:广州大学,2019.

[10] 杨毅. 机械式立体车库规划与智能停车管理系统研究[D]. 北京:北京邮电大学,2015.

[11] 武海龙. 智能化停车场综合管理系统的设计与实现[D]. 南京:南京理工大学,2018.

[12] 成俊梅. 城镇化导向下城市中心商业区停车问题研究[D]. 上海:上海交通大学,2015.

[13] 于定勇,张鹏,李兆强. 基于层次分析和模糊数学的商住区停车评价[J]. 中国水运(下半月),2009(01):84-85+87.

[14] 沈旗,李平. 停车场评价指标体系和双层规划模型[A]. 中国自动化学会控制理论专业委员会. 第25届中国控制会议论文集:下册[C]. 中国自动化学会控制理论专业委员会:中国自动化学会控制理论专业委员会,2006:218-221.

[15] 张毅,邢占文,郭晓汾. 城市公共停车场规划评价指标体系解析[J]. 城市问题,2007(07):40-42.

[16] 蔡家明. 城市停车场模糊评价研究[J]. 上海工程技术大学学报,2009,23(04):304-307.

[17] 陈峻,王炜,晏克非. 停车设施规划方案的多指标评价方法[J]. 公路交通科技,2000(05):60-64.

[18] 刘雪莲,焦新龙,马天山. 城市机动车停车收费绩效评价理论及策略研究[J]. 数学的实践与认识,2012,42(03):38-44.

[19] 郑研. 城市 CBD 停车场对道路交通的影响分析[D]. 长春:吉林大学,2013.

[20] 高雪峰. 城市停车产业化绩效评价研究[D]. 杭州:浙江工业大学,2017.

[21] 华剑烽,常玉林. 多层次模糊评价法在城市停车诱导分区的应用[J]. 交通信息与安全,2009,27(02):63-66.

[22] BOYCE P R,BRUNO L D. An Evaluation of High Pressure Sodium and Metal Halide Light Sources for Parking Lot Lighting[J]. Journal of the Illuminating Engineering Society,1999,28(2):16-32.

[23] 王梦圆. 北京市路侧差别化停车收费方案设计[D]. 北京:北京交通大学,2016.

[24] 姜涛. 城市机动车停车收费问题研究[D]. 西安:长安大学,2006.

[25] 孙正安. 城市停车收费路段交通运行影响分析——以深圳市为例[J]. 商业故事,2016,(4)(11):84-85.

[26] 刘学军. 城市停车收费政策对城市交通的影响研究[D]. 武汉:武汉大学,2005.

[27] 陈桂福,陈丹妮. 城市停车政策研究综述[J]. 四川建材,2019,45(01):

220-221.
[28] 关宏志,任军,姚胜永. 发达国家机动化早中期的城市停车对策[J]. 城市规划,2002,(4)(10):81-84.
[29] 梁华军. 发挥静态交通对动态交通的制衡作用[J]. 交通与运输,2016,32(06):52-53.
[30] 于守静,阴炳成,刘志鹏. 国内外静态交通发展政策研究[J]. 城市,2011,(4)(09):89-91.
[31] 宗芳,张慧永,贾洪飞. 基于贝叶斯网络的停车收费政策评价[J]. 华南理工大学学报(自然科学版),2010,38(07):78-83.
[32] 朱颐和,姜思明. 基于公益性的城市停车场收费管理政策研究[J]. 当代经济,2017,(4)(31):7-9.
[33] 周竹萍,任刚,季彦婕. 基于文献计量学方法的静态交通管理研究评述[A]. 科学技术部全国智能运输系统协调指导小组办公室. 2007 第三届中国智能交通年会论文集[C]. 科学技术部全国智能运输系统协调指导小组办公室:科学技术部全国智能运输系统协调指导小组办公室,2007:6.
[34] 杨立人,喻杰. 静态交通管理与车辆停放价格体制改革[J]. 中国物价,2007,(4)(04):8-10+18.
[35] 王家,张晓东. 美国城市停车政策解析[J]. 城市交通,2011,9(04):53-60.
[36] 陆洋. 深圳市路内停车收费政策评估研究[D]. 南京:东南大学,2016.
[37] 谢卓然. 停车价格调整对城市交通的影响研究[J]. 公路,2012,(4)(05):282-284.
[38] 董苏华. 停车政策与缓解城市交通拥挤[J]. 汽车与安全,2001,(4)(05):11-14.
[39] 李连成. 我国城市停车政策现状分析[J]. 综合运输,2012,(4)(11):21-24.
[40] 李英,黄健,曹平,等. 城市级智慧停车建设探讨——以上海市奉贤区为例[J]. 城市道桥与防洪,2020,(4)(10):54-57+76.
[41] 刘金广,朱新宇,戴帅. 城市停车“政府管理牵头部门”分析研究[J]. 综合运输,2020,42(11):40-43.
[42] 曾荣,张玲. 道路停车管理的创新路径探究——以北京市道路停车管理改

革为例[J]. 北京行政学院学报,2020,(4)(04):28-35.

[43] 薄乐. 北京市停车收费对出行方式选择的影响研究[D]. 北京:北京交通大学,2009.

[44] 薛松. 城市中心区停车价格对市民出行成本的影响研究[D]. 北京:北京交通大学,2007.

[45] 张磊. 基于 logit 模型的停车费率变化对居民出行方式的影响分析[J]. 交通与运输(学术版),2015,(4)(01):211-214.

[46] 徐丹丹. 停车费用对居民出行方式选择影响研究[D]. 北京:北京交通大学,2017.

[47] 包丹文,邓卫,顾仕珲. 停车收费对居民出行方式选择的影响分析[J]. 交通运输系统工程与信息,2010,10(03):80-85.

[48] 李梦婷. 停车收费对居民出行方式选择的影响研究[D]. 北京:北京交通大学,2018.